刑法と人生

野村稔

成文堂

はしがき

私は、昭和四八年四月に早稲田大学法学部の助手に嘱任され、平成二七年三月末をもって同大学を定年退職することになった。この間法学部及び大学院法学研究科で、さらに大学院法務研究科が開設されると同時に兼任教授として、長らく講義や演習を担当し、また法務研究科では刑事クリニックをも担当し、院生と一緒に被疑者弁護活動も行ってきた。

ところで私は、東京オリンピックの開催された昭和三九年四月一日に早稲田大学第一法学部に入学して以来、その後大学院に進学し西原研究室で西原春夫先生の指導を受けて刑法の研究に従事してきた。学生・院生時代は法学部公認サークルである刑事法研究会に入会し、学部卒業後も、模擬裁判、ゼミや合宿を通じて先輩諸氏ともども刑法の議論を楽しむ生活を送ってきた。

どうして刑法かというと、西原先生が刑事法研究会の会長であったことから大学院進学に当たり西原研究室に進むというのは至極当然の選択であった。また入学式の後、旧成文堂書店で、団藤重光著『刑法綱要総論』（初版・昭和三二年）を購入し、帰宅後読み進むうちに、定型説とか人格形成責任論とかの言葉が入試勉強に明け暮れていた自分に大変新鮮な印象を与えたこともその背景にあった。この書物を購入したのはとくに理由がなく、書店で棚にあるその本に一目惚れしたのである。

刑事法研究会は故江家義男博士のゼミ生がゼミの終了後も、江家先生と勉強したいという学生の集まりから始まったもので、最初の卒業生は昭和二七、八年と聞き及んでいる。刑事法研究会では『ユステイティア』という機関誌を発行しており、私も学生・院生時代及び副会長・会長として少なからず寄稿してきた。

私はいくつかの社会的活動に従事してきた。例えば、第二東京弁護士会懲戒委員会委員（昭和六三年六月～平成一八年一月）においては、弁護士の種々の病理現象を眼にした。また旧文部省の法学・政治学視学委員（平成七年七月～平成一五年三月）や判定委員会幹事（平成八年四月～平成一四年三月）をはじめとして平成二三年三月に至るまでの期間大学基準協会における種々なる仕事を通じて大学のあり方や評価の問題につき多くの知見を得た。さらに司法試験第二次試験考査委員（刑法担当）（平成一二年一月～平成一七年一二月）としての経験から司法試験制度や法曹養成制度につき深く考えさせられた。

これらの刑事法研究会・西原研究室や社会的活動に関連して若干の随想などを書いてきた。そこで、古稀を迎えるに当たってこれらの随想などを編集して「小さな想い出」として刊行することにした。これらは長きにわたって、しかも異なる状況のもとで執筆されたもので表現などにおいて不統一の箇所があるほか、肩書きなども当時のままであるが、執筆時のまま採録することにした。

本書の書名は、『警察公論』（立花書房）誌上の新春随想欄に寄稿した「刑法と人生」とし、題字は、旧西原研究室の同期生である書道家の西村洋子氏にお願いした。

本書を編集するにつき、芥川正洋法学学術院助手は原稿の収集以外に構成や校正などを、永井和之刑事法研究会OB及び永田琳人刑事法研究会会員はユスティティア誌掲載の原稿の収集をそれぞれ行ってくださった。

本書の刊行については成文堂の阿部耕一社長及び編集部の篠崎雄彦氏のお世話になった。

これらの方々に衷心より謝意を申し上げる次第である。

平成二六年一二月一日

野村　稔

目次

I　研究者生活の一断面

1　刑法と人生——新春随想——

明けましておめでとうございます。

本誌の愛読者である警察官の皆様におかれましては、責務の重大さを自覚し職務への決意も新たに、すがすがしい新春をお迎えのことと思います。

私は大学で刑法を講義しておりますが、最近の学生諸君の中には社会に出ても直接に役に立たない法律、例えば、刑法をはじめとし刑事法の分野を敬遠する向きが見られますのは残念です。ほとんどの人々が刑事司法制度に直接かかわりがなく一生を過ごすことになるでしょうが、しかしより良き刑事司法制度を享有するためには、それを理解し批判する目を養うことが必要であると思います。そのためにも大学時代という人生のモラトリアム時代に刑事法をしっかり学んでもらいたいものと考えております。

よく社会あるところに法あり、と言われるようにどんなに小さな社会であろうとも必ずその秩序を維持するために法と呼ばないまでもその社会構成員が守らねばならない決まりがあります。人間は生まれてから死ぬまでに望むと望まないとにかかわらず、無数の決まり、法律に関係し、その規制を受けます。しかし、本音を明かせば誰しも法律の御世話にはなりたくないと思っていることでしょう。ましてや刑法と聞いたらとんでもないと言われるのがせきのやまであります。

しかし私の一生の仕事はまさに人の敬遠する刑法の研究なのです。誰しも死ぬまで刑法に、したがって警察にかかわりあうなどとは夢にも思わないでしょう。それが図らずも私にとっては刑法にのめり込むことになってしまったのです。それもなにも深く考えて決めた事ではないのであります。私が一九六四年（昭和三九年）春に大学に入学してしばらくなにもすることなく無為徒食しつつ過ごすうち、たまたま大学へ行くスクールバスの中で話しかけられたのが奇縁でありました。この人は私の所属する研究室の先輩で当時刑務官として刑務所で勤務している方でありましたが、その人に私の恩師の西原春夫先生が会長をされている刑事法研究会への入部を勧められたからであります。これが縁で恩師を知り、その後恩師のもとで刑法の研究を志すこととなったのであります。今考えて見るとまことに人生の岐路を定めるこのような重大なことがバスのなかでのほんの些細な出会い・出来事から、またそれによって決定されようとは想像だにできなかったのであります。まことに奇妙なものと思っています。

私はこれまでの人生をひたむきに生きてきたつもりであります。結果がどうなろうともその過程に全力投球してきたつもりです。これは一つには私の家が経済的に恵まれていなかったこともあり、勉強するためには、私にはまさに勉強すること以外方法がなかったのであります。おかげで、色々な奨学金を貰い比較的余裕をもって大学時代以来勉強をつづけることができたのであります。このようなことから私には結果も大事でありますが、それに至る過程もそれに劣らず大事に映るのであります。そんなわけで、私はドイツ語の werdend（なりつつある）という言葉が好きであります。

ところで、生きている人を殺した場合には殺人罪として処罰されることは誰の目から見ても当たり前のことでしょう。しかし、読者諸兄もご存じのように不思議なことに、刑法の世界では死者に対しても状況により殺人罪が成立することがあります。もちろんその未遂でありますが。それはこういうことです。

例えば、甲が殺意をもって日本刀で乙の心臓を突き刺したところ、あとで鑑定の結果によれば乙はその直前ピストルで撃たれて死んでいたという場合でも、日本刀で突き刺した当時一般人も乙がまだ生きていると思うような状況にあれば、まさに死体であった乙に対しても殺人罪が成立するのであります。つまり事後に判明した事柄を抜きにして事前の立場から考えますと、甲のみならず一般人も乙が生きていると考えていたのでありますからやはり〝生きている人〟乙を突き刺す行為は生命を侵害する危険な行為なのであります。これには有力な異論もあります。事後的には〝死体〟に殺人行為をしたのであるから、殺人罪にはならず死体損壊罪に過ぎないというのであります。このような結論の差異が生まれる理由の一つに人間行為の評価方法の違いがあると言えましょう。つまり、人のある行為を評価する場合に、それによりどのような成果・結果がもたらされたかという側面を重視する立場と、そうではなく成果や結果を問題にすることなくただどのような態度でその行為をしたかという側面を重視する立場の違いであります。後者はどのように真剣に勉強に取り組んだかということを考えるものであり、前者は結果として何点取ったかということを問題とするものと言えましょう。

人生の中で一生懸命努力したことそのことが報われないというのでは何とも味けない気持ちがしますし、またどんなに悪いことをしても勝てば官軍式に総てが許されるというのも何か釈然としないものがあります。人間にほほ笑みかける幸福の女神はどうでありましょうか。私のこれまでの経験によれば、いずれの場合にもそれなりに公平にほほ笑んでくれたことでもありますし、またそうであって貰いたいというのが偽らざる実感であります。私は人の行為を評価する場合にはその結果のみならず、その行為の有様をも考えることにしています。換言すれば、事前の評価と事後の評価とを並列して考えるわけであります。これを私は判断形式としての違法二元論とよび、犯罪行為の違法評価にも援用しています。だから、さきほどの事例ではどうしても殺人の未遂なのであります。その哲学的基礎は何かと、問うた人がいました。答えていわく、わが人生そのものであると。それでも足りなければ、今一度幸福の女神にご登場願うことにしましょう。まさに私にとっては刑法は自分の人生の有様を写す鏡なのです。

初春に夜風のしみる我が身かな（浅草寺にて）、とは我が青春のひたすらな心に残った思い出の一コマであります。

警察公論五四巻一号（一九九九・一）所収

2　「出て来い」の一言

西原先生の還暦祝賀文集に稿を寄せるに際し、これまでの一九年の歳月をいま振り返ってみるに、一番懐かしくそして長く感じられるのは博士課程入学までの時期である。私は西原研究室に入れて頂いた昭和四三年に司法試験を受けたのであるが見事短答で落ちてしまい、奨学金の関係から留年する訳にもいかなかったので、方向転換をして博士課程に進むことにしたのである。

そのことで西原先生にご相談に伺うと、頭で納得しても心で納得しなければ方向転換をせずに所期の目的を続けるべきであると言われた。そうでないと結局悔いが残るというのである。私は一人どうするべきかを、西原先生の言われた言葉をかみ締めながら考え続けた。そして、ついに司法試験の受験をやめる決断をした。その後修士二年の夏休みに先生は中島君と一緒に私にひばりヶ丘のご自宅でドイツ語を教えて下さった。ところがせっかく西原先生にドイツ語の手ほどきを受けながらも博士入試に失敗してしまった。なんとふがいない弟子と思われたことであろう。西原先生は私にヤケ酒を飲むなと言われた。私としてもせっかく悩みに悩んだあげく方向転換をしたその矢先でざ折したのであり、どうしたものか全く途方にくれ、ヤケ酒を飲む間もなく家に帰り、いつしか我妻民法講義を読んでいる自分に気が付いたのである。新たな試みに敗れた私が古巣であった司法試験に無意識的に希望をつなげようとしたのであろう。かような次第で、追い出しコンパには恥ずかしくて顔を出すことが出来ないので、教務主任室に欠席させて頂きたい旨了解を求めに伺うと、西原先生は「出て来い」と言われた。ざ折して西原研究室に出て来れなくなっている弟子の様子を察知してあえて一見非情とも思える言葉をかけて下さったのである。この「出て来い」の一言が自分を今まで西原研究室にとどまらせることになった。とにかくこの事実を冷静に受け止めて開き直り、今一度チャレンジしてみようという新たなる気力がみなぎって来るのを覚えたことである。

今でも「出て来い」の言葉の裏に秘められた西原先生の温かい心配りを思うのである。その後一年の浪人生活をして無事進学することが出来た。当時家庭教師に行く途中、浅草寺で詠んだ、初春に夜風のしみる我が身かな、という拙い句とともに我がひたすらな青春のいつも心に残る西原先生の一言である。

多祥竹簡集（西原春夫先生還暦祝賀文集）（一九八八・四）所収

3　研究生活の途上において

編集責任者からどのようにして刑法を研究するようになったか、またどのように刑法につき思考を進めて来たか、などにつき執筆を依頼された。そこで、この機会にこれからの研究生活に対する展望を得るために、これまでの研究生活を振り返ってみることにしよう。

まず、なんといっても私が研究生活、しかも刑法を研究することになった最大の契機は、現在刑務官をされているT先輩にたまたまスクールバスの中で話かけられた奇縁で刑事法研究会に入会し、同研究会の会長である恩師西原春夫先生の知己を得たことであった。人生の岐路を定めるこのようなきっかけがバスの中でのほんのささいな出来事であったとはなんともまことに奇妙なものである。その後恩師の下で刑法の研究を志すことになったのである。

研究生活といってもそれぞれに重点の置き所が異なるのであるが、私の場合には個別的な新しい問題の解決に取り組むというよりはむしろ、それをも考慮しつつ自己の刑法学の内容を示す体系書の執筆が夢であった。それはもちろん講義を行う立場からは学生諸君に筆記の労を省かせ理解を容易にするためであるが、それと同時に刑法を考えることを通して自己を探究すること、いわば刑法の体系書を自己を映し出す鏡として考えることであった。しかしこの過程も実のところなかなか容易ではなかった。

ところで、大学院において西原先生から与えられたテーマが未遂犯の研究であった。当時はすでに周知のごとく未遂犯については先達の手になる多くの業績が蓄積され、また西山富夫教授が精力的に不能犯につき論文を発表されており、また若い世代では大沼邦弘教授が同じく不能犯につき論文を発表され一定の評価を受けておられ、いまさら未遂犯について研究してみてもどのような成果が期待出来るか、またそもそもどのように未遂犯に切り込んで行くのかも検討がつかずに途方に暮れたが、とにかく最初は未遂犯概念の成立過程から取り組んで行くことにしたのである。しかしそれによって得られた結論は未遂犯は主観的要素と客観的要素との混成物であり、犯意を概念的構成要素とするものであった。当時はこの結論がはたして私にとって何を意味するのかは必ずしも明確であった訳ではなかった。しかし、この結論が後になって考えると、私が行為自体の違法性を判断するに際して故意のみならずその具体的な形態である所為計画をも判断要素に加え、実行の着手時期の判断につき折衷説を採用することにつながっていたのである。

さらに未遂犯の研究にとって大きな転機になったのは、防衛の意思と攻撃の意思が併存している事案に関する判例研究であった。掲載誌にほかに判例研究の掲載予定がなかったので通常よりも多くの紙数を割くことが許されたこともあり、そこにおいて一歩踏み込んでいわゆる偶然防衛について、行為自体の違法性は肯定出来るが結果の違法性は欠けるので未遂規定を準用すべきであるとの結論を明らかにした。これは江家義男博士の所説に示唆を受けたものであり、違法判断において行為時の事前判断と結果時の事後判断との二元的な判断を行うことから導いた帰結であった。私はこれを判断形式としての違法二元論と名付け、その有用性を論証するために名誉毀損罪における事実証明の規定の研究へと進んだのである。名誉毀損行為の後において公判廷で真実性の証明があったことが名誉毀損罪の処罰に影響することがまさに判断形式としての違法二元論にとって恰好の問題と考えたからである。この研究により判断形式としての違法二元論に確信を持った私は、保護責任者遺棄罪・ひき逃げの刑事責任について考察する過程で、行為自体の違法性の内容は、行為の属性としての法益侵害の危険性とそれに加えて義務違反性であることを明らかにした。同時にこのような、犯罪の実現即ち法益侵害の実現過程に応じて違法判断を行うという動的な判断を刑法規範の観点から説明すべく、中止未遂の法的性質の分析を通じて刑法規範が行為規範、制裁規範、そして裁判規範として機能し、動的に違法判断を下すものであることを論証した。

このような違法論の立場から未遂犯全体を体系的に考察したのが「未遂犯の研究」（昭和五九年）であった。しかし、この段階では違法判断と刑法規範との関係が必ずしも明確でないとの批判を浅田和茂教授から受けることになり、さらにこの点の考察を進め、刑法規範は、法益を保護するために、法益の置かれた状況によりまた法益に対する侵害実現の過程に応じて、その様相と機能が動的に変化するという刑法規範の動態論（いわゆる雷鳥の理論）として一応の構想を提示することが出来るようになった段階で、これを骨格の一つとして行為無価値論と結果無価値論との対立を止揚する立場から犯罪論全体を俯瞰し、これに精緻な体系を与えるべくかねて念願であった「刑法総論」（平成二年）の完成へとキーを打ち続けたのである。

幸いにも、野村先生の教科書で刑法を勉強したかったという学生諸君の要望に些かでも応えることが出来たが、刑法学の体系を部分的にせよ客観化する過程の中で節目となったものをこのようにして改めて振り返って見ると、いかに自己の意思の及ばない事柄に導かれて来たかが分かり、ただ驚くと同時に偶然の女神のほほ笑みに感謝する次第である。

法学部報九号（一九九一・四）所収

4　博士論文を執筆して―野村稔先生（刑法）に聞く―

一　〝D論インタビュー〟を始めるにあたって

今回からこの企画を始めるには、つぎの二つのことを契機としている。まず第一には八四年から戦後第三制度である現行博士学位制度が完全に実施されるに至ったことである。七六年学則「改正」によって、八一年に旧学則の適用が完全に廃止されて、その後三年の経過措置期間を経た八四年四月以降は、名実ともに新しいドクター論文制度となった。変更の要点をかいつまんで示すと、①後期三年（少なくともプラス延長生三年＜D四～D六＞および猶予期間三年＜研究生＞以内）でD論を書き、提出することが原則となったこと、ちなみに理工では、すでにほぼ実現されている　②旧来の、新たな学術水準の創造・向上に寄与するといった高いレベルから「研究者として自立して研究活動を行う」能力＝自立した研究者としての「スタート」を示す水準のものと改定されたこと　③具体的には、改正時の当局説明の概要によれば、一貫・統一されたテーマ・内容で、自立した研究を継続しうる能力水準を示す、一定量（数本程度）の論文（集）ということになったこと、である。したがって第二に、オーバードクター問題の深刻化の中で、在籍年数も長期化してきており、着実に研究を進めてきた者にとっては十分にD論提出の現実的可能性が生まれてきており、また、主体的にも、これまでの自らの研究の総括の機会とすることも考慮すべきと思われるからである。

そして、この企画は、われわれ院生が現行制度をこのように把握することによって、現状の就職問題にひきずられることなく、むしろ積極的にオーバードクター時代＝若手研究者の時期の研究をしようと呼びかけることを意図している。各専攻分野で事情の相違はあるだろうが、研究者人生の基礎を確立する重要な時期であり、研究に志した初心に立ちかえって、これまでを厳しく総括し、これからを展望することは有意義であると思うからである。これから各分野で比較的近年にＤ論を提出された先輩方に登場願い、回顧と展望を自ら語っていただき、問題提起の素材の一端としていきたいと思う。そこで最初に登場していただいたのは、刑法の野村稔教授である。教授の著書『未遂犯の研究』は、まさに現行制度完全移行後初めての博士論文である（もっとも、課程期間経過後の提出であり「論文博士」であるが）。なお、今回はインタビューのみにとどまったが、企画が軌道に乗った段階では、後進の目から見た、研究能力形成史的視点を含む博士論文の評価・検討も試みたいと考えている。

二　研究プランの中での今回の博士論文の位置

――本日は私たちのインタビューに応じていただきありがとうございます。先生は、八四年八月に出版された『未遂犯の研究』で最近博士号を取得されたわけですが、まず最初に、今回の博士論文が先生の研究の中でいかなる位置をもつものなのかをうかがいたいと思います。

野村：修士論文のテーマ設定にあたって西原先生が示された指導方針は「間口が狭くて奥行きの深いものを選べ」というものでした。つまり、犯罪論の基本を構築するのに必要な個別テーマを選び、これを通じて最終的には自己の体系書の完成を目ざす、ということなんですね。その意味では今回の本は、自分なりの違法性の本質論を確立するためのまとめの作業だったわけです。

三　未遂犯論を研究テーマとするに至った経緯について

――どのような経緯で未遂犯をテーマにされたのでしょうか。

野村：私の修士論文執筆当時、刑法学界では、ドイツの理論状況を反映して、行為そのもののもっている価値・無価値の議論が起こってきたんです。これは、―主観主義と客観主義の理論的対立が後者の勝利ですでに決着を見ていたわけですが―客観主義に基本的には立ちながらもやはり主観的要素を考慮しなければならないのではないか、そしてそうだとするなら、この主観的要素をどう位置づけたら良いのか、という議論だったんです。私もこの問題を考えてみようといくつかのテーマを想定して、西原先生のところに相談に行ったところ、未遂犯の研究がいいだろうということになった。けれども、このテーマについては当時すでに多くの論文があって、学界で自分の意見が通用するのかどうか不安でしたね。正直なところ、私自身、問題点が鮮明に見えていなかったんですよ。そんなわけで法研論集に出したもの（論集第八号＝昭和四八年、『未遂犯の研究』第一章一節一款）をまとめて以降、歴史や比較法研究といった基礎的な研究に進んだわけなんですね。だけど、結論部分は留保しておいたんです。修論のころから具体的危険説でいいと考えていましたけれど、検証の時間がほしかったし、また、中止未遂についてはまだ考えていませんでしたからね。それに結論を後で修正するのは難しいし。今回、論文集にまとめてみて、はじめてはっきりしたという感じですね。

四　諸先生・先輩・同僚・後輩の役割の大きさ

――先生の問題意識の形成にあたって諸先生やゼミ等の研究集団はどんな役割を果したのでしょうか。

野村：私が院生や助手だった当時、指導教授の西原先生は教務主任や学部長をやっておられて忙しかったのだけれど、それでも熱心に指導してくれたし、いつでも相談に乗ってくれましたね。先生のゼミには助教授三年目まで同僚たちといっしょに参加していて、示唆を受けたり議論を交わしたりしたし、今でもテーマによって時おり出席しています。

また、極めて有益だったのは、隣の研究室におられた中野次雄先生との日常的な議論でしたね。自分の理論を深化させる上ではもちろんのこと、西原先生よりもさらに上の世代の人の指導をも受けられたことは、人間形成の上でも非常にためになりました。

それから、外国から文献をとり寄せなきゃならなかった時とか最高裁や法務省図書館を利用する時には、西原先生をはじめ齊藤（金作）研究室の力のすごさに驚いたし、また、西原研究室を中心に、多様なテーマを持つ先輩・同僚・院生がいつも身近にたくさんいて、議論の相手には事欠きませんでしたね。はかり知れないほど有益でした。また、後輩の院生諸君には、今回の論文の出版の際にも、校正などの点で手伝ってもらったりして。

さらに、助手時代、日本法史研究室の人たちと鶴田文書の共同研究をする機会をえて、調査なんかを楽しくやって視野が拡がったりしましたね。この時代にとてもいやだなと感じたのは、京大の法制史研究室が資料を隠して出そうとしなかったことです。このような資料の秘匿は、他の分野ではちょっと考えられないですけど。で、そうこうしているうちに、未遂犯の研究が進まないままだったので、西原先生から注意を受けて、本筋に戻ったという経緯もありました。

五　いやいや引きうけた判例評釈が視点を確立する転機に……

――博士論文にまとめうるとの展望をもったのはいつごろなのでしょうか。

野村：未遂犯をテーマにしたきっかけは、不能犯における具体的危険説を正しいと思っていて、これを理論的に基礎づけたいと思ったことなんですけれども、これをまとめる視点がなかなか定まらなかったんですね。でも、全く偶然に、判例タイムズから「防衛の意思」に関する最高裁判例の評釈の原稿をいやいや引き受けたのが転機になったんです（判タ三三四号＝昭和五一年、『未遂犯の研究』第二章二節二款）。最初は、正当防衛の問題だから通りいっぺんのことは書けるだろうぐらいの気持ちだったのが、考えていくうちに、刑法における違法性をどうとらえるのかという基本問題に行きついて、判断形式としての違法二元論（犯罪行為の違法性を評価するに際して、行為自体の違法性と結果の違法性とに分けて考察する考え方＝『未遂犯の研究』一四四頁）という視点を確立するヒントになったわけなんです。人間の行為から生じる結果の評価と、結果を別にした行為そのものの評価とは区別されるべきだし、やはり別個に評価しなければならないと思うんです。で、このような視点から、その後、名誉毀損罪の違法性の証明に取りくんで、行為の違法性阻却事由と結果の阻却事由とを分けようとする試みをしたり、保護責任者遺棄の問題や「ひき逃げ」の問題にも取りくんでみたりするに至ったんですけど（前掲書第三章一節参照）、その過程で隣室の中野先生なんかとくり返し、時にはけんか腰で、議論をやったもんだから、訪ねてきた院生が本当にけんかしてると誤解したこともあったりして……。結局、中野先生にも私の考えが分かってもらえたようです。

六　「学界状況からして、一日も早くまとめたいと思った……」

——博士論文として結実させようと具体的に考えたのはいつごろなのでしょうか。

野村：直接的には、西原先生や内藤（謙）先生から学会報告を勧められたことでしたね。報告は昭和五四年だったかな。その頃学界では、かなり名の通った人が未遂犯をテーマとしていて多数の研究業績が蓄積され、例えば、不能犯に関する一連の西山教授（名城大）の研究、学習院の香川教授の中止未遂に関するもの、それに成城大の大沼さんの研究などですが、それから東大の山口さん、徳島文理大の奥村さんなどの若手が参加し、競争状況にあったんです。それに中義勝編『論争刑法』での中教授と大谷教授の論争に見られるように、この問題を考え直そうという状況が生まれていたんですよ。具体的危険説から客観的危険説へというように。だから私も一日も早くまとめたいと思ったし、もしあれより出版が遅かったら出すタイミングを失ったかも知れませんね。

七　今回の論文での問題提起の意図は？

――今回の著書のネライ、すなわち、学界や実際社会（特に法実務）に何を提起しようとしたのかをお聞かせ下さい。

野村：すでに話したように、違法二元論という視角から、未遂犯全体をまとまった構想のもとに理論化するという作業だったわけで、これを通じて違法性の本質論にせまることを意図していたんですよ。障害未遂・中止未遂・不能犯のそれぞれで、このことをある程度達成できたと思っています。そして、これによって、学界や法実務で、未遂犯の認定を確固たるものにしてほしいし、中止未遂の成立を拡げてもらいたいとも考えているんです。

ところで、私の論文に対して中山研一教授が「従来の通説に対して何らインパクトを与えるものではない」旨の批評をしていますが、これは、具体的危険説の基礎付をするという本書の意図からすればあたりまえのことなんですね。

それから、今回は総論レベルでのまとめだったから、各則に関連する問題を割愛せざるをえなかったんですけど、各論の体系書を書く時にはこれをぜひやりたいと思っています。

八　今後の研究の展望

——今後の研究の展望はどうなのでしょうか。

野村：今回の研究は、違法論を知るための研究だったので、まず第一に、刑罰の機能論へと進みたいと考えています。そのために、公訴提起行為のもつ刑事政策的機能について考え、ここから新しい視角が導入できるのではないかと思っています。

第二に、早稲田刑法学から何をくみとるのかを考えてみたいですね。例えば、違法二元論の発想はすでに江家先生の説の中にも見られるし、それが自分の中に受け継がれて湧き上がってきたような気もするわけです。いったい自分の中に何が流れ、何が流れていないのかを確かめたいですね。

第三に、共犯論をやろうと考えています。そして、これらの研究を通じて責任・刑罰についての考えを固めて、四〇代には体系書を書きたいと思っています。

九　新しい（現行の）博士号制度をどう評価されますか？

――ところで、先生が取得された博士号は旧制度下のものだと思いますが、新制度を先生はどう評価しておられるのでしょうか。

野村：戦後、博士号制度は、大学名のない制度、大学名のある制度、そして在学年限修了時に与えるのを原則とする現行制度と三段階の変化があったわけですね。私の博士号も、実は、昭和五九年九月に論文を提出したものだから、課程博士とはならずに、新制度下の論文博士ということになっているんです（昭和五九年三月末で新制度に移行）。私のドイツ留学の経験から言うと、大学教授なのに博士号を持っていないということが向こうの人たちになかなか理解してもらえないんですね。ドイツでは学部を卒業しますと、まず学位（博士）論文を書く。次に教授資格請求論文を書いて講師等の大学の教職につくというのが普通なわけです。日本でも、新制度として、一定の研究能力を有する証明として博士号を与えるという制度をとり入れたんだから、今後は、当然そのように運用されるべきですね。他大学がこの方向で動き出すと、就職状況への対応上、現在法研で行われているような旧制度的基準を維持しようという考え方は、改められざるをえないでしょう。

院生の方でも、多数の人が同時にまとまって博士論文を出すようにしたらどうでしょうか。一般社会や各大学の法学研究科には、博士号に対して旧制度のイメージがありますから時間がかかるでしょうが、ある程度のインパクトにはなると思います。

一〇　これから博士論文を書こうとする院生へのアドバイス

――最後に、博士論文を書こうとしている院生へのアドバイスがありましたらお願いします。

野村：西原研究室の者は先生から「研究をはじめてから一〇年前後で一つのテーマで本を書け。それが学位論文になれば望ましい。その後は五年に一冊づつ書いていって、体系書を準備せよ」と指導を受けてきています。論文の構想を立てても、最初は雲をつかむようで途中進まない時期もあるけど、そこでの蓄積が後で大切になるような気がします。また先生は、「論文には、まとめる潮時がある。まとめる作業を意識的にせよ」ともおっしゃいました。博士論文を完成させるには大切なことだと思います。現在の院生は、就職難の状況下にあって、研究時間をとるのがなかなか大変になっていると思いますが、研究を進めていくためには〝勇気と努力〟が必要だと思いますね。また、指導教授との関係で苦慮している院生がいるかも知れませんが、それは人間形成の上で必要なことだと思うし、また、後で実際に役立つことも多いと思うんです。例えば、本の校正を手伝うことが、後に自分で本を作る時に役立つというように。

――ありがとうございました。

インタビューを終えて

久しく刑法の議論からはなれていた、われわれ二人の専攻外のインタビュアーの質問や議論の運びは、多くの読者の皆さんには必ずしも的をえないものになってしまったかもしれないことを、まずお詫びしておきたい。そのうえで、二つの点について感想を述べておきたい。第一は、野村教授の業績が善きにつけ悪しきにつけ、早稲田（齊藤・西原）刑法学の研究スタイル。研究者養成＝後継者養成スタイルの〝産物〟であることとである。わけても、後継者候補としての指導を受け成長してこられた教授の場合、より色濃く存在するように思われた。いろいろな型はあろうが、いずれにせよ研究集団の形成が重要なことを示唆している。第二に問題意識の点であるが、教授の場合①究極的な目標が自己の刑法体系の形成ないし体系書を書くことにあること②学界の論争の基底にある社会状況や実務（司法・行政）および社会に対する提言ないし働きかけといった、いわゆる「実践」的意識は必ずしもあまり大きくはない、ように思われた。この点では法学者の社会的役割や研究のありかたと関わって議論すべき重要なポイントではないであろうか。最後に、研究内在的問題につき、敢えて一言するなら「違法性二元論」の評価如何が核心のように思われた。（文責K・M生）

法研フォーラム二号（一九八六・四）所収

5　人との出会い――マックス・プランク研究所――

教務主任の佐藤英善教授より、在外研究中の雑感といったようなものについて学部報に一文を寄せるように依頼され、そのとき気がついたことは、私の在外研究期間もすでに一一カ月が過ぎようとしていることであった。なんとも月日のたつのが早いことにただ驚くばかりである。

昨年三月三〇日、同僚の近江助教授とともにドイツの地を踏んで以来、二カ月にわたってプラウボイレンのゲーテで語学研修をした後、フライブルクにあるマックス・プランク外国・国際刑法研究所に通い出したのが六月一日であった。初めての在外研究でしかも初めて異国の地に住むことになり、かつ、在外研究に従事しなければならないことは、私にとってはこの上なく大変なことであった。また研究所においては、東洋部門の責任者として日本人研究者のお世話を親身になってしてこられた鄭鍾勗教授も今は亡く、大変不安をもちながら、六月一日に前所長イェシェック教授からの受入書をたずさえて初めて研究所に行ったその日のことが今でも眼前にはっきりと思い浮かび上がってくるのである。

幸いにも、ミュンヘンで開催された世界学長会議に出席された後、西原春夫先生がフライブルクに寄られた際、四月二九日の昼頃であったと思うが、二時間程西原先生に市内をご案内していただき、また夕方には研究所で開催されたパーティーに連れていっていただき（そこには中村英郎先生ご夫妻も出席されていた）、在外研究中のことや、研究所での生活について色々と心温かいご助言をいただいたことであった。

そして中村英郎先生もフライブルク大学で在外研究中であったことはなんとも心強いことであった。さらに研究所には韓国からの留学生が三人滞在していて、彼らが大変親切に研究所の施設を案内し、関係者を紹介してくれたことは大変ありがたいことであった。彼らは大変研究に熱心で、とくにかつて朝鮮刑事令により日本の刑法典が施行されていたこともあり、日本の刑法学者の著書も読んでおり、思いのほか日本の刑法学界のことを知っていることには、私がほとんど韓国の刑法学界のことを知らなかったことにくらべ、ただただ恥しい思いをするのみであった。昨年の刑法学会の折に韓国刑法学会会長の金鍾源教授が来日し、学会の席上講演をされ、また早大においても講演会が行われた由である（なお、同教授は三月にマックス・プランク研究所に来所される予定とのことである）が、ヨーロッパのみならず近隣の諸国との学界レベルの交流が益々盛んとなり、学問の進歩にそれが寄与することになることを感じるものである。

このような次第で、どうにか最初の戸惑いを克服し、スムーズに研究所で研究生活を始めることができたのは、私にとっては大変幸いなことであった。最初に私に与えられた机は二〇人収容できる大きな閲覧室のそれであった。このほかにもう一つ同じ大きさの閲覧室があり、常時外国からの研究者とドクトラント達で一杯という盛況である。夏のゼメスターには現所長エーザー教授が外国人研究者とドクトラントのためのゼミナールを水曜日の夕方より開催されるので、これに出席するかたわら、一日の大部分をこの部屋ですごすことになるわけである。しかし、日照時間の短いこともあって、秋になる頃より机上の照明のみでは不自由を感じるようになり、天井の照明をつけることは許されず、暗い中で机上の照明のみで本を読むことは日本人の私にとっては大変なる大問題であった。図書部門の責任者であるキュルチンガー教授にその旨言ったところ、どうして本を読むのに部屋全体の明るさが必要なのかと逆に私に詰問する仕末で、仕方がないので私は、あなたの眼の構造は猫のそれに類似しているので、暗いところでも本が読めるのであり、私の眼の構造はあなたのとはちがうのだということを言ったところ、彼は大変な早口でまくしたてるので、何を言っているのか私には全く理解できず、その様子にある意味で典型的なドイツ人の気質を見る思いであった。その後私を別室に連れていき、机上の各種の照明のスイッチを入れ、色々と実験してみせて、暗い部屋の中でも机上のランプのみで本が読めることを私に証明しようとするのであった。これには私の方が逆にあきれてしまって、彼のしつこさには舌を巻いたような有様であった。その後もしばらくこのようなわけで、夕方暗くならないうちにアパートに帰るようにして対策を講じていたところ、幸いにも別の小部屋に机をもらい、十分なる明るさのもとで本を読めるようになったのは大変好都合であった。研究所における最初のかつ最大の難問がこのようなものであるとは夢想だにしなかったことであった。

私の今いる部屋は三人部屋で、同室者はポーランドのブーハラ教授とソ連邦のザブグリュチェ教授で、大変温和な人々で、コーヒーを飲むときはいつも私にもすすめてくれるのであり、しばし話をするのも一日のうちで楽しい一時である。ただ時々急に二人がロシア語で話し出すのである。ドイツ語になったり、ロシア語になったりで、話がわかったり、わからなかったりで、あとはただただ推測するのみである。残念ながらザブグリュチェ教授は、アンドロポフ書記長の死去にともない急に帰国しなければならないことになり、一カ月余りの期間を残してあわただしく去っていったことである。彼はその理由について多くを語らなかったが、日本では考えられないことと思われるので、改めて政治体制の厳しさを見る思いであった。彼のあとに来たのはヴォルフ女史でアメリカの南カロライナ大学の助教授とのことである。

この研究所については、西原先生が詳細に紹介されているところであり（同・刑事法研究一巻一八七頁以下、なお、宮澤・日独法学三号九頁以下、団藤・刑法紀行一〇五頁以下）、改めて紹介する必要はないが、現在の建物は昭和五三年一〇月に完成、落成式の行われたものであり、フライブルクの市中央部からすこし郊外にはなれたところで、周囲の自然に調和するよう配慮された設計になっている。庭にはこれまでここで研究された日本人研究者達によって新築を記念して贈られた石灯籠がある。いまだそれは新しく白いものであるが、やがて京都の古寺にあるそれと同じように苔生す日が来るであろう。最近気づいたことには、その贈呈者の名前を記載したものが所内の石灯龍の見える所にかかげられていることである。そこには、本学部の中村英郎、西原春夫、内田武吉先生の名前のほか団藤、平野両教授をはじめ三〇人の名前がある。建物の中心部は書庫になっていて、見事なまでに整理され、必要な書物を直ちに手にとることができる。一九八三年度においては、総額四四七、四四六マルクが定期刊行物を含めた書籍の購入にあてられているとのことである。建物の外辺部には研究室や司書の部屋等が配置され、最上階の四階には所長室やカエテリア等がある。ここでは一年に何度かパーティーが行われる。近くは、明日、イェシェック教授がアラブ諸国の講演旅行の際にとったスライドによる講演を行い、ひきつづきカエテリアで同教授夫妻の招きでビアパーティが開催されることになっている。このような機会がまた人々と知り合う良い折でもある。

研究所の組織面では昨年二月一日付で、イェシェック教授の定年退職にともないテュービンゲン大学よりエーザー教授が所長として来所された。故シェンケ教授、イェシェック教授についで三代目の所長として、刑事学部門の所長であるカイザー教授とともにこの研究所をより発展させることになろう。エーザー教授は、就任講演で生命と法との境界領域における問題について研究に着手すべきことを明らかにされた。新しい分野の開拓である。これまで故齊藤金作先生が故シェンケ教授との間に、そして西原先生が前所長イェシェック教授との間で維持発展してこられた早稲田大学と研究所との関係は今後エーザー教授によりさらに強められるであろう。そのような折この研究所で研究することの許されている私にとっては、西原先生と早大の招きで明春エーザー教授の来日が実現することになったことは心より喜ばしいことである。

これからの一年間どのような出会いが私を待っているか、それを心待ちにしながら、一年間の在外研究の延長を快くおみとめいただいた教授会の諸先生方に心よりお礼を申し上げたいと思う。（昭五九・二一・一六、マックス・プランク研究所にて）

法学部報二号（一九八四・四）所収

6　〝故人との縁〟

成文堂の前社長、故阿部義任氏が亡くなられたことは、在外研究先のフライブルクで、私の友人である辻本氏より手紙で知らされたことであった。しかし、私はこの訃報をすぐには信じることができなかった。この知らせに接してすぐに、まだ五ケ月も経っていないその年の初春、「真鶴」で、故人に招かれ、昼食を共にした折の、大変元気な様子を思い浮かべたからである。あれはたしか、二月二六日のことであったと思う。社長が大変元気になり外で食事をしたいとのことで、折りしも私が翌三月末に在外研究のためフライブルクに赴く予定であったので、その歓送も兼ねてとのことでお招きにあずかったのである。私は心より有り難くこの招きを受け、昼食をご馳走になりながら、しばし歓談の機会をえたのであった。その折の故人は大変おだやかな顔を終始くずさず、故齊藤金作先生や西原春夫先生から大いに学びながら今日までやってきたことを話され、そして、在外研究に出発するまでにまとめる予定であった私の論文集の件についても、是非なるべく早くまとめて出版するようにと励ましをいただいたことであった。辻本氏からの手紙に続いて、編集長の土子氏より改めて詳細を知らせていただき、やっと故人の亡くなられたことを信じるに至ったようなわけであった。

そもそも私が故人と直接に話をする機会をもつようになったのは、たしか私が昭和四三年春、学部を卒業し、引き続き大学院で、西原先生に師事し、研究者への道を歩み出した頃であった。丁度その頃、西原先生の講義案の校正の仕事を、出版の方の事務所の二階でお手伝いさせていただくようになった折であった。その際にも修士課程に入学したての我々（私の外に三人がこの校正を手伝っていた）のごときものにいつも故人はいつもご苦労様ですといってくれたことを今でも忘れることはできない。それは西原先生との関係を通してのことと思ったが、それのみでなく、今日考えてみれば、故人が若い研究者またはこれから研究者になろうとする人々を大事にしてこられた気持の現われでもあったように思われるのである。

このように、西原先生の仕事の手伝いをさせていただくことを介して故人と親しく話をする機会をもつようになったのである。その後、私が助手に嘱任された頃かと思うが、学部の若い助手、専任講師位いの人々を集めて、夕食を共にしながら、色々と研究者としての心構えなどを故齊藤金作先生の言葉を引用されながらも我々に話していただいたことがあった。しかし、それ以来、故人が病をえて熱海で療養生活に入られたためもあり、お話をうかがう機会がなかったのである。故人の一話の中でとりわけ印象深いのは、故人が自ら齊藤教を名のっておられたことである。故人は故齊藤先生を大変尊敬されていたようで、ことあるごとに齊藤先生のことを、そしてその後継者であられる西原先生のことを話され、我々若い者に、人間として、また研究者としての生き方につき色々おしえてくれたことであった。私は、齊藤・西原両先生の門下に連なる者であり、日頃西原先生より同じようなことを聞いていたこともあり、故人のいわれたことがごく自然に受け入れられたのであったが、人によっては、何をいっているのだと思うようなこともあったのではなかろうか。そして、当時の故人には大変こわいという印象をもっていたのである。それからの出会いが「真鶴」でのそれであった。この時の故人は大変落ち着かれ、おだやかなご様子であった。したがって齊藤教を名のっておられた頃の初めの印象と最後のそれとがどうしても重なってこないのである。これまで成文堂を育て上げ、またご自身病いと闘ってこられたうえでの、静かなる悟りの気持ちだったのではなかろうか。

さて、私には一つの故人に対して果たすべき責務が残されていた。それは私の最初の論文集を成文堂から出版させていただくということであった。故人は、研究者の研究成果を出版しこれを世に出すことを、出版人としての任務と心得られ、早く論文集をまとめるようにといってくれていたのである。そして、聞くところによれば、故人がはじめて手がけられたものが、私の恩師であられる西原先生の『間接正犯の理論』（昭和三七年）であり、最後がくしくも私の『未遂犯の研究』であったとのことである。私は今、自らの論文集のはしがきの筆をとりながら、人の縁の不思議さをいまさらながら思うのである。西原先生を介し知己をえた故人に育てられ、結局は西原先生への縁につながっていたということを。そしてさらに知己をえた現社長の阿部耕一氏との縁にどのように私がこたえ何をつけ加えられるか、これが新たに私に課せられた責務である。このような縁に感嘆しつつ、故人のご冥福を心より祈り申し上げたいと思う。（一九八四・六・一八、フライブルクにて）

追想の阿部義任（一九八五・七）所収

Ⅱ　研究者・大学人として

1　上海における出会い

私が専門とする刑法についても、中国との縁は深いものがある。そもそも「法」という文字のもともとの字体は、大漢和辞典によれば、「灋」というものであり、その文字は、古代中国では神獣に触れさせて犯罪者であることを知り、その後、公平な裁判にかけて罪を問い、そして犯罪を去らせることであり、まさにこれは刑事法・刑事政策を意味していたのである。さらに、我が国の刑法は、ヨーロッパ諸国の刑法の影響のもとに成立したものであるが、その基礎には唐律・明律・清律などの中国系の法律があり、また例えば、旧刑法の制定に多大なる功績のあった鶴田皓が明治初年にフランスに留学し、近代的刑法の考え方を理解できたのも、その背後には幕府時代に中国系の刑法についての確固とした素養があったからである。そんな訳で中国に対しても漠然とした関心をもっていたのである。また、顧肖栄教授が西原先生の研究室に滞在し、早稲田大学で研究されている機会に教授と知り合い、一九八九年六月に開催された札幌における第六七回刑法学会の折に月形刑務所に一緒に行くなど交流を深めていたため、いつか上海にて再会できることを楽しみにしていた。

そんなおり、西原先生より、日中刑事法討論会に参加するようにとの話があった。聞くところによれば、第一回目は一九八八年五月に上海市にて同人民対外友好協会の絶大なる支援のもとで行われ、第二回目が一九九〇年三月東京で開催されたとのことで、さらに私と対になる報告者が顧肖栄教授であると知らされ、参加させていただくことを大変うれしく思ったのである。しかし、初めての中国訪問であり、日本と政治体制が異なり、しかも何よりも中国の刑法も制定・施行されて日が浅いし（一九八〇年施行）、どの程度議論が咬み合うかなどいろいろと不安な思いもあった。しかし、数回の準備会を重ねるうちにそのような不安もなくなり、昨年一二月一四日午後ついに上海に向けて飛びたった。メンバーは、団長の西原春夫教授、それから、刑事訴訟法の分野から、田口守一愛知学院大学教授夫妻（当初参加が予定されていた田宮裕立教大学教授夫妻は病気のため不参加）、刑事政策の分野から加藤久雄慶応大学教授、馬場俊高法務省東京矯正管区長、事務局として、成文堂の阿部社長、土子編集長、それに早稲田大学法学部外国人研究貴でオブザーバー参加の李海東氏と私の九名であった。機内で馬場氏と歓談するうちに空港につき、華東政法学院教授蘇恵魚先生、上海市人民対外友好協会の張国平、張雪娜さんらの温かい出迎えを受けたのであった。これらの方々には帰国するまで親身なるお世話をいただいた。

翌日から三日間にわたり、刑法・刑事訴訟法・刑事政策の順序で討論会が行われたが、私は、第一日（一五日）の午後、顧肖栄教授と一緒に不能犯・刑法における危険概念のテーマにつき報告し、討論に参加した。事前に原稿を交換してそれぞれの言葉に翻訳して読んでおいたことでもあり、かなりの程度議論ができたように思われる。ただ、本音の議論ができたかどうかは疑わしい。討論会の合間に夕方はレセプション、華東政法学院訪問、サーカスの観賞と、それに美味しい中華料理の接待を受け、至れり尽くせりのお世話になった。討論会の終了後には、上海刑務所を参観し、さらには精神病院を訪問し、高等裁判所で裁判の傍聴をする機会があった。その後、蘇州および無錫を遊覧したのは、私にとっては初めての機会であり、大変素晴らしい思い出となった。ただ、日程はかなりきつく、息を抜く余裕もなく、また、食事もいつも美味しい中国料理をごちそうになったが、糖尿病でカロリー制限をしている私にとっては少し大変であった。無錫のホテルに宿泊した際に、早朝散歩をしながら、市場に行き生卵を購入し、朝食のおりに飲んでみたが、その卵は私には、貴重な刺し身の具のように思われたことであった。また、上海市内をあまり見られなかったのが心残りであった。もっとも、そのほうが次回の楽しみともなるのであるが。そんな中で、顧肖栄教授が、上海の繁華街を加藤教授とともに案内してくださり、その雰囲気を楽しんだのは大変貴重な体験であった。

とくに、蘇州の刺繍研究所を見学した際に、その繊細な仕事ぶりには大いに感動したものである。そのときばかりは、ごく普通の日本人となり、土産物を買いあさったのは自分でもいささかいやになるほどであった。しかし、私にとって最大の土産物は、金魚の刺繍であった。刺繍研究所を見学したあと、となりの展示室に素晴らしいのがあると、土子編集長に聞き、バスが出る間際にそこに飛び込み、見た瞬間気に入り、購入したものである。金魚の刺繍は、いま、私の書斎の窓際におかれている。そこには、透明な水中で、水草の間を、気泡を立てながら、五匹の金魚が尾をひらひらさせ、優雅に泳いでいる。それはじっと静止しているのであるが、よく見ると泳いでいるのである。多分いま飼育している金魚の動きの残像が脳裏に残っており、それが重なるのであろうか。三年前に近所のスーパーマーケットで買い物をしたおり、小さな和金を三匹もらったのが奇縁で、いろいろと金魚を飼育しているが、実に法・刑法のみならず、金魚も中国と縁が深い。

金魚は、もともと中国で三～四世紀頃すでに野性のフナが突然変異により赤くなったフナ（いわゆるヒブナ）が発見され、その後八～九世紀頃には飼育が始まっており、日本に金魚が入って来たのは、室町時代の一五〇二年（文亀二年）に明国より堺市（当時の左海）に輸入されたのが初めとされている。これは当時はコガネウオと呼ばれており、現在一般的に飼育され、金魚すくいなどでよく見かけるワキン・和金で、その名前とは異なり実際は中国産の金魚で最も古く中国から輸入されたものである。日本で品種改良の結果生まれた金魚（例えば、キャリコ、東錦、江戸錦）や、アメリカから逆輸入された「コメット」の外、多くは中国で生まれた金魚が多い。例えば私の飼育しているものでも、江戸時代に琉球を経て来た「琉金」、同じく江戸時代に輸入された「オランダシシガシラ」、明治期に輸入された「出目金（竜眼）」、「頂点眼（望天魚）」、「ランチュウ・卵虫」、戦後輸入された、「スイホウガン・水泡眼（蛤蟆頭魚）」、「タンチョウ・丹頂（紅頭魚）」、「セイブン（青文魚）」、「チャキン・茶金（紫魚）」などがある。こんなわけで、同じく中国生まれの刺繍の金魚が私の書斎の中で泳いでいるという訳なのである。刺繍の金魚を見るたびに上海における色々の出会いが甦る。次回の刑事法討論会は来年秋に上海の人々が東京に来られて開催される予定である。その際にどのような出会いがあるか今から楽しみである。（一九九三・五・一九記）

文流簡報一三九号（一九九三・五）所収

2　第四回日中刑事法学術討論会報告

一　はじめに

第四回日中刑事法学術討論会が、本年四月二日から八日の日程で東京にて開催された。筆者は、今回報告者・事務の裏方として学術討論会に参加する機会を得た。そこで、これまでの学術討論会の経緯を含めて今回の討論会の次第などにつき、簡単に報告することにする。なお、第四回日中刑事法学術討論会の開催に際しては、財団法人社会科学国際交流江草基金をはじめ諸団体より補助を受けた。関係者の一人として厚く御礼申し上げる次第である。

二　日中刑事法学術討論会の経緯

(1)　我が国においては大宝律や養老律に見られるように、そのままではないにしろ中国の唐律や清律を移入し、それを刑法の基礎にしてきたのであり、このような状況は明治初年の新律綱領や改定律例においても同様であった。その後近代的なフランス刑法やドイツ刑法などの西洋法制が継受され、我が国の刑法が近代化された後にも中国の律の伝統は完全には払拭し切れてはいないのである。さらに、近代法を受容する際に日本人が格別の才能を示し得たのも中国の律の伝統についての深い理解があり、論理的思考力を身につけていたからである。このように刑事法の分野においても密接な関係にあり、多くを負っていた我が国であるが、その後の歴史の流れの中で刑事法に関して両国の関係・交流は途絶えてしまっていた。幸いにも中国がとりわけ文化大革命後、法治主義のもと法典の整備に精力を注ぎ、その成果として一九八〇年一月一日に中華人民共和国刑法および中華人民共和国刑事訴訟法が施行されることになった[1]。その後我が国においても中国の刑事法に関する法律の規定の紹介や刑事司法制度の運用の状況などが断片的に伝えられるようになり、中国刑事法に対する関心も高まりつつあった。他方で中国においても法律の施行後運用の実績が学問的検討の対象とされるようになり、また中国の研究者や留学生が来日し積極的に日本の刑事法の研究に従事するようになった。このようなことから、両国の政治体制や法制度の差異にもかかわらず両国の刑事法の比較法的考察を行うことは、政治体制の違いが刑事法の分野でどのような違いをもたらし、また逆に刑事法のどのような部分・内容が政治体制の違いを超えて人類普遍の原理として考えられるかを明らかにする。さらには、西欧的な近代法思想が東洋にどの程度定着するかの認識も可能となる。またなによりも社会主義の枠内といえ自由化・開放化をめざす中国にとっては、少なくとも人類普遍の原理に基づく刑事法の部分がどこであるかを認識することは大変意味のあることと思われる。

(2)　このような観点に立って、『日中刑事法の比較法的考察』の研究は、一九八七年に構想され、これまで三回の学術討論会が行われ、その研究成果が公刊されている[2]。これまでの研究テーマを次のように通覧比較してみると、初めは双方ともお互いに自国の法制度の紹介など一般的なそれであったが、討論会を重ねるうちに、研究テーマが進化し、次第に両国が抱える理論上および具体的な立法・対策上の重要問題にまで共同研究が進展していることがわかる。

第一回（一九八八年四月二七日乃至五月五日・於上海市。以下所属・職名はいずれも当時）

〈刑法〉

・西原春夫（早稲田大学総長）「日本刑法の沿革と特色」
・曾根威彦（早稲田大学教授）「日本刑法の解釈論上の重要問題」
・蘇　恵漁（華東政法学院教授）「『中華人民共和国刑法』の成長と発展について」
・肖　開権（上海社会科学院研究員・教授）「我が国の刑法の実用におけるいくつかの問題」

〈刑事訴訟法〉

・松尾浩也（東京大学教授・日本刑法学会理事長）「日本刑事訴訟法の発展と現状」
・鈴木茂嗣（京都大学教授）「日本刑事訴訟法の特色と解釈論上の諸問題」
・陳　光中（中国政法大学大学院副院長・教授）「中国刑事訴訟法の形成と特徴」
・戸　剣青（上海市高級人民法院研究室主任）「裁判における『刑事訴訟法』実施の問題点」

〈刑事政策〉

・宮澤浩一（慶應義塾大学教授）「日本における犯罪の動向」
・宮本恵生（法務省矯正局審議官）「日本における犯罪対策について」
・徐　建（中国青少年犯罪研究学会副会長）「中国青少年犯罪の増加と変化及び予防と更生について」
・丁　予（上海市犯罪改造学会副会長兼秘書長）「中華人民共和国労働改造制度の形成と発展」

第二回（一九九〇年三月一五日乃至二二日・於東京）

〈刑法〉
・西原春夫（早稲田大学総長）「罪刑法定主義と拡張解釈・類推適用」
・曾根威彦（早稲田大学教授）「量刑の基準」
・蘇　恵漁（華東政法学院教授）「罪刑法定原則と類推解釈」
・肖　開権（上海社会科学院研究員・教授）「量刑の基準」
〈刑事訴訟法〉
・松尾浩也（千葉大学教授・日本刑法学会理事長）「起訴便宜主義について」
・鈴木茂嗣（京都大学教授）「刑事証拠法の諸問題」
・陳　光中（中国政法大学大学院副院長・教授）「中国刑事訴訟法における起訴制度について」
・戸　剣青（上海市高級人民法院研究室主任）「刑事証拠の収集と審査判断」
〈刑事政策〉
・宮澤浩一（慶應義塾大学教授）「少年非行の現状と非行少年の処遇」
・宮本恵生（法務省東京矯正管区長）「再犯の実態とその防止策」
・徐　建（中国青少年犯罪研究学会副会長）「科学技術とわが国の青少年犯罪の動向及び変化メカニズムついて」
・丁　予（上海市犯罪改造学会副会長兼秘書長）「再犯と防止措置」
第三回（一九九二年一二月一四日乃至二一日・於上海市）
〈刑法〉
・西原春夫（早稲田大学前総長）「過失認定の基準」
・野村　稔（早稲田大学教授）「刑法における危険概念」
・蘇　恵漁（華東政法学院教授）「中国刑法における過失犯を論ず」
・顧　肖栄（上海社会科学院法学研究所副所長）「危険性の判断と不能犯・未遂犯」

〈刑事訴訟法〉
・田宮　裕（立教大学教授・日本刑法学会理事長）「被告人の地位とその自由」（病気欠席のため田口教授が代読）
・田口守一（愛知学院大学教授）「逮捕後の身柄拘束」
・丁　寿興（上海市高級人民法院法廷副廷長）「刑事訴訟における被告人の権利及びその供述の地位と役割」
・鄭　魯宇（上海市人民検察院刑事検察処副処長）「中国刑事訴訟における強制措置」
〈刑事政策〉
・加藤久雄（慶應義塾大学教授）「精神障害犯罪者に対する刑事上の諸問題」
・馬場敏高（法務省東京矯正管区長）「受刑者の分類」
・張　国全（華東政法学院副院長、教授）「刑法における刑事責任能力の意義」
・王　飛（上海市労働改造学会会長）「受刑者に対する分類処遇を論ず」（病気欠席のため陳士涵氏が代読）

三　第四回日中刑事法学術討論会

(1)　第三回日中刑事法学術討論会が開催されている間に、上海市人民対外友好協会会長李寿葆氏（当時）と日本側団長西原春夫早稲田大学教授との間において、第四回日中刑事法学術討論会を一九九四年度中もしくは一九九五年度の初頭の適当な時期に、共同研究者は原則として第三回と同じメンバーで東京で開催することを決定し、その後、一九九四年七月四日新たに就任した趙雲俊上海市人民対外友好協会会長および中国側関係者と西原春夫教授との交渉により、第四回日中刑事法学術討論会を一九九五年四月二日から八日の日程で東京にて開催することに決定した。

(2)　今回はこれまでの研究成果を踏まえて、まず、①刑法については帰責の客観的範囲を画する因果関係の問題につき日中両国の学説・判例などを分析して理論的に検討を加える。また公害罪、脱税、ゼネコンにからんだ犯罪事件など法人自体の犯罪とみなされるものが見られるようになったが、これらの事情は中国においても最近意識されつつある問題である。そこで法人を処罰する場合の根拠としての犯罪の構造やそれに対する刑事制裁としての刑罰の問題を立法論を含めて具体的に検討する。

さらに、②刑事訴訟法に関しては、非犯罪化・非刑罰化・手続きの簡易化といった観点から社会的統制の一手段である刑罰の合理的機能やその実現手続きにつき検討を行う。また、自白の任意性を保障するために被疑者取り調べを透明化すべきであるなどの観点より当番弁護士や国選弁護制度など弁護制度の問題点についての認識が強まっているが、中国においてもその職権主義的審理構造に鑑みて被告人・被疑者の当事者としての地位が弱く、したがって弁護士の地位も欧米の弁護制度に比較して強くはないなどの事情にあることから、刑事弁護制度について考察する。

最後に、③刑事政策の分野においては最近世界各国で問題となっている暴力団などの組織犯罪について、我が国では先年暴力団対策立法の実現を見たが、いまだその対策としては十分とはいいがたい。そこで、この立法の現状を検証しつつ組織犯罪の実態とその対策を検討する。また、受刑者の施設内における処遇がその社会復帰のために重要であることはいうまでもないが、仮釈放を含めて釈放された者の人権を保障しつつ真の意味で社会復帰を実現させ、他方で再犯を予防することは実に難しい問題である。国家社会制度の相違を考慮に入れなければならないことはいうまでもないが、法制度の違いを超え単なる法制度論の域を超えて人間の存在というところに目を据えた検討も必要であると思われる。

(3)　研究の実施方法は、これまでと同じで、日本側および中国側の共同研究者に研究テーマを呈示して研究の依頼を行った。具体的には日本側においては数回の打ち合わせ会を開催し、研究テーマの問題点などにつき検討を加えると同時に、西原春夫教授が中国側との窓口となり、日本側と中国側との研究者の問題点や研究の進捗状況等の調整にあたった。その後研究成果を一九九四年一〇月末までに各共同研究者がまとめ、それらを相互に中国語と日本語に翻訳し、印刷した後、一九九五年三月上旬頃にそれを交換して両国の共同研究者がそれぞれの対になる研究を検討し、学術討論会に臨む準備をした。

(4)　中国側参加者は、団長の陳一心上海市人民対外友好協会副会長、報告者の、顧肖栄上海社会科学院法学研究所副所長（刑法）、蘇恵漁華東政法学院教授・中国刑法研究会副総幹事（刑法）、黄一超上海市人民検察院検察刑事検察処副処長・検察員（刑事訴訟法）、鄭永鶴上海市高級人民法院刑庭庭長・判事（刑事訴訟法）、張国全華東政法学院副院長・教授（刑事政策）、王飛上海市労働改造学会会長（刑事政策）、通訳の、蔣惟堅上海市人民対外友好協会理事、陳忠上海市人民対外友好協会職員であり、日本側参加者は、団長の西原春夫早稲田大学教授・元総長（刑法）、報告者の、野村稔早稲田大学教授（刑法）、西田典之東京大学教授（刑法）、田宮裕立教大学教授（刑事訴訟法）、田口守一早稲田大学教授（刑事訴訟法）、加藤久雄慶應義塾大学教授（刑事政策）、岩淵道夫法務省保護局保護課長（刑事政策）である。

(5)　まず、二日の夕方六時より、日中両国の関係者が全員そろい、刑事法学術討論会の主催者である日中人文社会科学交流協会の主催になる歓迎レセプションが、宿舎のＫＫＲ竹橋にて行われた。安藤彦太郎副会長の歓迎の挨拶、陳団長および西原団長の挨拶が行われ、それぞれ両国団長より参加者の紹介が行われ、引き続き懇親会となり、参加者は旧交を温めつつ、今回の学術討論会の成功を願った。

学術討論会の第一日目（三日）は刑法である。まず九時より開会式が行われ、陳および西原両団長により、今回の学術討論会の経緯と意義が述べられ、充実した討議が行われることを希望するとの挨拶があり、九時三〇分より午前の部の討論会が行われた。議長には加藤教授がなり、まず、顧教授が「刑法においての因果関係」の題目で、筆者が「因果関係」の題目でそれぞれ四〇分間報告を行い、その後引き続き両報告につき質疑討論を行った。次いで、昼食・休憩後一三時三〇分より、張教授が議長となり、蘇教授が「中華人民共和国の刑法における法人犯罪」の題目で、西田典之教授が「日本における法人処罰について」の題目でそれぞれ四〇分間報告を行い、両報告に関して質疑討論を行い、引き続き刑法に関する討論会の総括討論が行われた。

第二日目（四日）は刑事訴訟法であり、九時三〇分より、西田教授が議長となり、黄検察員が「わが国の刑事訴訟法における起訴免除制度及びその完全化についての思考」の題目で、田宮教授が「刑事手続きの簡易化」の題目でそれぞれ四〇分間報告を行い、その後引き続き両報告につき質疑討論を行った。午後は一三時三〇分より顧教授が議長となり、鄭永鶴判事が「我が国の刑事訴訟法における弁護制度及び改善策について」の題目で、田口教授が「刑事弁護制度」の題目でそれぞれ四〇分間報告を行い、両報告につき質疑討論を行い、引き続き刑事訴訟法に関する討論会の総括討論か行われた。

第三日目（五日）は刑事政策であり、九時三〇分より、田宮教授が議長となり、張教授が「我が国の組織犯罪及び法律上の対策に対する研究」の題目で、加藤教授が「日本における組織犯罪の現状とその問題点」の題目でそれぞれ四〇分間報告を行い、その後引き続き両報告につき質疑討論を行った。午後は一三時三〇分より蘇教授が議長となり、王会長が「刑務所から釈放された者の再犯罪に対する予防」の題目で、岩淵保護課長が「釈放（仮釈放を含む）後の再犯予防」の題目でそれぞれ四〇分間報告を行い、両報告につき質疑討論を行い、引き続き刑事政策に関する討論会の総括討論が行われた。その後閉会式が行われた。まず、傍聴人として参加されていた平野龍一東京大学名誉教授は、今回の学術討論会は広範囲の問題を取り上げ深い検討を行っていると考える、中国では問題の核心を捉えたダイナミックな検討をしているが日本では法律に縛られ些かささいな検討を行っているように思われ、今後中国側から学ばなければならない問題点もあり、継続してこの討論会が行われることを希望する旨の挨拶があり、次いで、陳団長から、第一にはテーマが理論的・実務的側面で深められ、第二に討論の内容が細部にまで及び、刑事法制の共通点・異なる点の理解が深まり、第三に日本側の真面目な科学的態度により、より発展した討論会になり、中国側も年配・若手あるいは実務家・学術者の構成に配慮したことにより、今回の討論会が相互尊重・友好・率直な雰囲気で真面目な議論ができ、大きな成果を収め中国の学術・友好に貢献したと考える、上海市政府はレベルの高い討論会の継続を希望し、上海市人民対外友好協会は中国の発展の過程で問題になっている経済領域における犯罪をテーマとして、一九九七年上海市において第五回学術討論会を開催したい旨の提案が行われた。最後に西原団長より、過去三回の討論会の蓄積の大きさを踏まえて今回は議論がかみ合い隔靴掻痒の感じがなく、政治体制の違いを超えて相互理解が深まったと考える、一九九七年の第五回学術討論会の申し出は快く受諾し、「経済犯罪とその対策―刑法・刑事訴訟法・刑事政策の観点から」（仮題）のテーマにしたいとし、さらに一九九九年東京で第六回学術討論会を開催することを約束するとの挨拶があり、閉会式を終了した。

(6)　討論会の間、三日夕方には法曹会館において財団法人日本更生保護協会主催による歓迎会が行われ、瀬戸山三男日本更生保護協会会長および本間達三法務省保護局長ほか関係者の温かい歓迎を受けた。また、中国側参加者は討論会終了後六日、西原団長と事務局の本郷氏（成文堂編集部次長）と私がお供をして、東京都庁の展望台から東京を遠望するなどし、その後、京都にて清水寺や龍安寺などに詣で、嵐山に周恩来総理詩碑を訪ね、さらに満開の桜に迎えられつつ大阪を見学し、八日関西国際空港から無事帰国された。

四　質疑の抄録

(1)　刑法

①法人処罰について注意すべき点として、罰金は、日本では主刑であるが、中国では罰金は附加刑で上限はなく、数額は裁判所が決定し、行為者の罰金刑とリンクする必要はないことが指摘された（中国刑法二八、二九条）。②末端従業者も主要責任者（主管者、高級官吏者、マネージャー）も直接責任者たりうるのであり、法人犯罪につき、法人の利益、法人の意思、法人の職務行為が、主要責任者としての責任発生の

要件であり、法人犯罪につき中国では鉄道法にのみ過失犯の規定がある。中国では一〇の法律に規定があり、中国での法人犯罪はほとんど経済犯罪を意味する。日本では法人犯罪を規定するものは刑法にはなく、単行法にあり、それも七〇〇を超え（七三二、業務主処罰の規定は四八一件）、広範囲にわたっている。一九九一年において第一審確定判決について、一七四の法人が起訴され、一七二の法人が罰金刑を受けている。刑法的な単行法には両罰規定は公害罪法を除けばなく、行政的取締法規に存在するのが一般である。③汚水の排出については中国では処罰規定がなく、民事事件として処理される。河の汚染により人の健康に危害を生じた場合、環境保護局が河の汚染につき、魚が食べた物質が人が魚を食べて摂取したものと同一であるかを鑑定し、同一であれば河の汚染と人の健康の危害との因果関係を認め、民事責任が生じる。当事者が鑑定に不服の場合最終的鑑定を依頼できる。我が国では水質汚濁防止法一二条、三四条に法人の両罰規定があり、また公害罪法二条・四条がある。④税関法四七条は、法人の処罰と主管者の処罰を規定しているが、その要件は法人の意思に基づき、法人の利益のために密輸を行う場合で、末端の従業員が密輸した場合、法人の主管者が知らないときは法人は税関法四七条では処罰されない。⑤法人に科する主刑はあるか、法人に附加刑として罰金を科するとき主刑は誰に科するのかが議論された。法人に附加刑としての罰金を独立して科すことができる（中国刑法二九条二項）。また、罰金刑の外に不法利益を没収するものとして財産没収があるが、これは一般に罰金刑より重く、罰金刑と財産の没収とは併科できない。⑥因果関係につき、中国では客観的要素と主観的要素と別々に扱っているが、日本では両者を一つにまとめて扱っているように思われ、法人処罰について、双方が歴史的理論的に論じられ両国に類似点があり、また適用上の問題があることが認識できたと総括された。

(2) 刑事訴訟法

①微罪処分に相当するものが行政処分管理条例にある。これは住民の自治的紛争解決で、暴行、窃盗などの軽い事件が処理されている。これは懲戒委員会が殴打、窃盗につき調停し、犯罪要件を充足していないことが要件であり、これを充足すると公安機関の捜査に入ることになる。②日本における必要的弁護事件（刑訴法二八九条）に関して、被告人が弁護を拒否したときの処理につき質問があり、この場合を法は予定していないが裁判所が職権で弁護人を付することになり、また弁護人がいるけれどもその弁護人の弁護を受け入れない場合弁護人は辞任可能かが問題とされ、またこの場合別の弁護人を選任することになる。③また必要的弁護事件のため国選弁護士の選任率の高さに中国側の関心があった。④日本において弁護士からの裁判官、検察官の任用が行われているが、裁判官や検察官を辞めて弁護士になるよりも数が少ない。人数の少ないことの改善策として例えば非常勤裁判官などの制度も考えられるし、また弁護士から裁判官に任用された場合、ヴェテラン裁判官からは能力の不足が指摘され、弁護士からは弁護側の証人をよく採用し、よくその証言を聞いてくれるとの評価がある旨の指摘があった。⑤捜査段階、起訴後の弁護人選任の比率との関係で上海市においては刑事被告人について弁護人を拒否する人は〇・一％であるが、それ以外はすべて弁護人がついており、自己または家族により依頼される委託弁護士が昨年は五〇％（元来は八〇％）で、国選弁護士に相当する指定弁護士は昨年は五〇％（元来は二〇％）で

あるとの指摘があった。⑥また中国において弁護人と裁判所との関係につき弁護人の弁護活動が不十分と見られる場合には裁判所が被告人の後見的役割をするとの指摘があった。⑦中国刑事訴訟法二六条の弁護には委託弁護の外、自己弁護も含まれているが、この自己弁護は、身柄拘束されていない場合においては自己に有利な証拠を収集し、身柄拘束されている場合においては公安機関の提出した証拠に弁解反論できるのであり、有効に機能していると考える。なお、自白、自己弁解も証拠となる。⑧中国の弁護士の実情につき、全国で八万人近くおり、上海市では四、五〇〇人、弁護士事務所は一五〇ヵ所あり、沿海地区と内陸部で格差があり、沿海都市の方が多い。上海市ではパートナー式の事務所もあり、そこでは独立採算式を採っている。⑨弁護人の選任方法は被告人の自由意思によるが、家族の要請による場合もあり、裁判所の指定する場合もある。これは日本の国選弁護人に類似する。⑩弁護士の介入時期は裁判所が事件を受け取った時からであるが、もっと早い段階から参加してもらう方が良いと考えるが、捜査段階からの参加を主張する見解もある。検察院が起訴する段階からの参加を実施してから、さらに早い段階から参加させるようにするのが良いと考える。⑪中国では弁護人の真実義務については事実に基づいて弁護をし、被告人が有罪と確信する場合の弁護の在り方としては、有利な情状の立証は可能であり、検察官がこのことに気付いていた場合、検察官側に自白することを被告人に説明し、弁護人の説明に応じて被告人が自白しない場合は弁護人は避けて、すなわち触れないでおくことになる。これに反して、被告人が身代わり犯人であることが判った場合、被告人が検察官に真実を述べるように説得し、被告人が説得に応じない場合は、無罪の主張をする必要があるとの指摘があった。⑫中国における接見交通（中国刑訴法二九条）につき立ち会い人なくして接見が可能であり、通信内容は検閲しないことの指摘があった。⑬なお、当番弁護士制度につき関心が寄せられ、これにつき発足当時は五〇〇人ぐらいの被疑者が利用していたが現在では一万人ぐらいの被疑者が利用している。四、五〇〇名位の弁護士が登録しており、その運用は一〇時から一七時三〇分位まで事務所に待機する待機制、または弁護士が見つかるまで名簿により連絡をする名簿制がある。警察からの依頼も多いが、裁判所からの依頼も多い。この場合勾留質問の際に被疑者に聞き必要とされる場合には裁判所が連絡している。また弁護士委員会派遣制度（押しかけ当番弁護士）も運用されている。⑭中国刑事訴訟法二七条一項は弁護人を指定できると規定しているが、実際は被告人の拒否がなければ裁判所が指定し、費用は裁判所が支払っている。⑮手続きの簡易化については軽い犯罪の処理、交通事件の処理には学ぶべき点があると総括され、弁護制度について中国では裁判制度を含めて変革される可能性があり、糾問式訴訟から廷審式（弁論式）訴訟に変革の方向があるとの指摘があった。

(3)　刑事政策

①暴力団（暴対法）の用語、暴力団指定・認定の要件、方法、暴力団対策などにつき質疑が行われ、とくに暴力団対策については人、物、金の点の対策につき、物、金の流れの取締の困難性や組織そのものの排除の必要性が指摘され、指定三団体に山口組、住吉会、稲川組があり、暴力団員は約八万人、暴力団は約三、〇〇〇位との指摘に日本の暴力団の内容、犯罪内容は中国側にとり斬新な印象を与えるとの

指摘があった。これに対して、上海には山口組に相当するような暴力団はなく、犯罪集団の団体であり、それも昨年より一例のみである。結社禁止規定の必要性は中国にもあり、また国際的犯罪集団の増加の傾向がみられるが、数年の組織犯罪の実態は、共同犯罪の形で現れるが集団犯罪としてはあまり現れていない。暴力的犯罪団体は少なく窃盗、密輸団体など犯罪者の二〇%くらいである。犯罪集団ができていれば、これは憲法に違反し取締の必要があり、結社自由の原則に反しない、集団犯罪の起訴例は一件のみで、窃盗犯の集団犯罪で一〇名からなっていた。②麻薬犯罪組織の存在につき、一九九三年より麻薬犯罪は増加しているが、集団的麻薬犯罪は現れていない、共同犯罪という形式で、例えば、イギリス人、アメリカ人などの三人くらいのグループで行われている。一九九四年の事件は一人のイギリス人が麻薬を持ち込もうとしたものである。③犯罪組織の内部における地位と役割により、元凶、一般主犯、従犯、脅従犯のいずれかになる。例えば、末端の人が他の組員を殺害したが組織の幹部の指示があったかどうかにつき証拠がない場合、背後の幹部の処理につき、犯罪集団の存在が認定され、幹部が計画し指揮した場合には実行しなくても犯罪集団のすべての犯罪につき一般主犯として処罰されるが、犯罪集団と認定されない場合、教唆している場合には殺人教唆として処罰される。④仮釈放の実施状況は日本と大きく異なる。中国の仮釈放（中国刑法七三—七五条）は日本と比較して少なく、普遍的に運用されていない。仮釈放の要件は厳しい。仮釈放者の評価は良く、三年間の状況では再犯者はいない。仮釈放を増やすと再犯者が増える可能性がある。上海市における状況は、一九九二年八二名受刑者の〇・四二%、一九九三年一八五名受刑者の一%、一九九四年一八五名受刑者の〇・九%で、仮釈放者は少ない。なお、仮釈放者の再犯罪の発覚はない。⑤仮釈放権限は、中国刑法三二条により無期、有期懲役について条件に合致すれば、刑務所が裁判所に仮釈放の建議を行い、裁判所が仮釈放を決定する。⑥仮釈放者の監督は地元の警察（公安機関）が行い、これに刑務所も積極的に参加する。定期的に刑務所に戻り懇談会や教育をし、問題解決に協力する。さらには地元の人や裁判所、検察官も協力する。⑦満期釈放者は中国監獄法三七条により地元の政府が生活の手配をする。労働力を失っている者で後見者・扶養者のいない場合は地元の政府が保護する。法律上は地元の政府の担当であるが、刑務所も積極的に参加して問題を解決している。⑧刑務所はこれまでは閉鎖的であったが、今のやり方は開放的になっており、刑務所内と刑務所外の密接な協力を求めている。第一段階は受刑中の矯正活動で、第二段階は満期受刑者の社会復帰後の処遇で、双方が一体化している。そして釈放後のことも視野に入れて矯正処遇をしている。労働技術の重視、社会復帰指導センター、満期釈放三ヵ月前に地元の政府に連絡し、受刑中の言動、就職の意思の有無などを通知する。七五歳の満了者には生活保護をしている。満了後の釈放者に色々な面で援助をする。就職、法律の指導センター、就職、訓練センターの設置、また七一の運送会社に一、〇〇〇人を配置。⑨日本における状況につき質問があった。仮釈放の積極策が行われた一九八九年の数字によると五年間の再入率は仮釈放者は三一・九％、満期釈放者は五三・一％である。両者の関係をみると再入率は低下傾向にある。仮釈放の積極策により仮釈放者のみならず、満期釈放者のそれも下がっている。保護観察により社会への再適応能力を養成することができる。環境調整については帰住地の調整困難な者がおり、更生保護会に帰る者が二九・三％いる。仮釈放者の再犯の原因について、平均四・三ヵ月程度で再犯を犯し、釈放後五年では状況は把握できないが、三一・九％の再犯率は、暴力団とのつながりや麻薬・覚醒剤は一度断ってもまた復活することが多く、また改悛の情が認められてもやがて気持ちの緩みが生じることが原因と考えられる。満期釈放者の再犯率の高さは、釈放時、問題のある受刑者がいること、刑務所の生活の方が長い人がいること、必要とされる矯正期間と刑期の矛盾などが考えられる。また再入率に関して薬物関係事犯の割合が問題とされた。刑務所生活の長い人との関係で、府中刑務所では一〇回以上の者で高齢者が一〇％存在するとの指摘があり、これに関して中国でも同じ状況にあると考えられるが、いまだ刑務所を療養所と考えている者は少ないとの指摘があった。⑩中国では麻薬の自己使用は犯罪ではないことが指摘され、日本における一九九四年の新受刑者の罪名は麻薬・覚せい剤関係（自己使用を含む）が二八・五％、窃盗罪が二六・九％であり、女子の場合は半数が覚せい剤関係であることからすると、再入率に関して薬物関係事犯の割合がかなり多いと考えられる。なお、その際に台湾では薬物の使用・運搬がすでに七〇％位であることが紹介された。⑪日本の再犯率の高さの理由として、犯罪性の進んでいる者が受刑していること、また行刑の恩情的な運用などが考えられるが、中国の再犯率が低い理由としては(i)矯正活動の成果・成功、(ii)満期釈放者の処遇につき地域的な組織の監督の存在や仕事の斡旋・安定した生活の確保への援助など再犯防止に努めていることなどが指摘された。しかし、制度の比較は容易であるが、その成果の評価は困難であり、問題は仮釈放者の再犯率が三〇％という事実自体は驚くべきことではなく、むしろ仮釈放の運用いかんにより再犯率がどのように変化するかを認識することであるとの指摘があった。

五　おわりに

日本と中国では政治理念や法制度の基本が異なるが、とくに改革開放路線を歩む現在の中国を見ていると、早晩西欧型の近代的刑事司法制度の検討をせまられると予測される。その際、刑罰の機能を考慮しつつ、人権の保障と社会秩序の調和を目指し、国家刑罰権の実現を適正手続きの保障と実体的真実主義の両面から規制する我が国の西欧的・近代的刑事司法制度は、改善すべき点があるにせよ、十分参考に値するだけの立法内容と運用の実績をもつものと考えられる。そこで、これらの情報を中国側に伝えてその認識を深め、またそれに対する批判を受けることを通じて両国の刑事司法制度の改善に役立つことが期待される。さらに、日本・中国側の実務家を含めての刑事法研究者の交流は、明らかに相互の刑事法学の発展に寄与すると同時に、日中友好へも計り知れない良い影響を与えるものである。そのためには両国の刑事法学者の真摯なる共同研究に基づく交流を必要とする。第五回および第六回の日中刑事法学術討論会の開催が両国の団長の間において決定されているところであり、これが成功裏に開催されることを祈りつつ、報告の結びとする。

（1）　条文の邦訳として、『中国基本法令集』（一九八八）、中国刑事法の文献については、平野龍一＝浅井淳『中国の刑法と刑事訴訟法』（一九八二）の外、後註（2）西原春夫編・中国刑事法の形成と特色2一二七頁以下、同3一三一頁以下参照。

（2）　西原春夫編『第一回日中刑事法学術討論会報告書—中国刑事法の形成と特色1』（一九九二）、同編『第二回日中刑事法学術討論会報告書—中国刑事法の形成と特色2』（一九九一）、同編『第三回日中刑事法学術討論会報告書—中国刑事法の形成と特色3』（一九九五）がある。日中刑事法学術討論会の経緯については、西原編・中国刑事法の形成と特色1、2のはしがき参照。なお、第一回討論会の報告については、西原「第一回日中刑事法学術討論会報告」ジュリ九一三号八二頁以下（一九八八）（西原編・中国刑事法の形成と特色2に収録）、第三回討論会の内容については、日中人文社会科学交流協会「交流簡報」一三九号（一九九三）（西原編・中国刑事法の形成と特色3に収録）、第四回討論会の内容については、日中人文社会科学交流協会「交流簡報」一六二号（一九九五）（安藤彦太郎「上海刑事法学代表団を歓迎して」、西原春夫「第四回日中刑事法学術討論会の経緯」、野村稔「第四回日中刑事法学術討論会に参加して」、田宮裕「上海的迫力」、田口守一「思想解放」、加藤久雄「第四回日中刑事法学術討論会に出席して」、岩淵道夫「討論会にはじめて参加して」、西原春夫「閉会式挨拶」）、西原編・中国刑事法の形成と特色4（一九九五）参照。

ジュリスト一〇七八号（一九九五・一一）所収

3　大学評価における評価の視点
第三回大学評価セミナー〈事例報告―評価委員の立場から〉

一　幹事の二つの仕事

私は評価委員の立場ということではなくて、評価委員の補佐をしている幹事という立場から、幹事の仕事を紹介しながら、どういうふうに具体的に大学の評価が行われるのかについてご説明したいと思う。

大学基準協会という名前は聞いていたのだが、一体何をするところかということについて全く分からなかったが、幹事の仕事をしてほしいと言われお引き受けした次第である。その後、「大学評価実務マニュアル（幹事用）」が送られてきた。これを見ると、現在も私は文部省の法学・政治学の視学委員だが、視学委員の仕事とほぼ内容的には同じであると思って、お引き受けしてずっとかかわってきたことである。そこで視学委員の話も含めて実際の内容をお話したいと思う。

幹事の仕事には、審査判定作業と、勧告・助言案の作成という二つの仕事がある。以下、それぞれについて述べる。

二　審査判定作業

幹事の仕事の一つは審査判定作業である。

現在の判定委員会における評価は、大学全体を単位として評価する大学審査分科会が四つあり、申請された大学がそれぞれ四つの大学審査分科会のいずれかに振り分けられる。そして四人の幹事が一人ずつ大学審査分科会の一から四までにつく。そして大学基準協会の方から秋ぐらいになると、どういう大学について担当になったという連絡があり、段ボールに詰められた資料がごそっと送られてくる。そこが、幹事の仕事始まりになるわけである。

審査における幹事の仕事には大きく分けて、二つの段階がある。一つは大学審査分科会で自分が担当する大学について説明をすることである。五人の大学審査分科会の委員の先生方に説明する。その委員の先生方が審査をするということである。

大学の現状を理解するために、これは幹事によって、大分やり方が違うと思うが、私の場合は、それぞれの大学の方たちが大変ご苦労されてつくられている自己点検・評価報告書を、最初は見ない。それは最後に見るということである。まずは提出されたパンフレット類、あるいはカリキュラムとか、シラバスといったような原資料的なものによって、大学の概要を理解する。

それからもう一つは、大学の運営がどういうように行われているかということとの関係で、規則、規程類、あるいは私立大学の場合だと寄附行為といったような、添付されている規約関係に一通り目を通す。そして法的な規制の面から大学がどのように運営され、組織されているのかということをまずそこで把握する。それから、基礎データ調書というのが添付されているので、それによって数字の面から当該大学の概要を理解する。そういう形で申請担当大学の内容についてあらかじめ頭に概要を入れた上で、自己点検・評価報告書を読む。そういう作業の手順でそれぞれの大学についてレジュメをつくって、審査分科会のときにご説明をする。

特にどういうことについて説明するかと言うと、大きな評価項目についてそれぞれ現状がどうなっているかということを説明するわけであるが、まず最初には、評価項目を離れて当該大学の沿革とか、あるいは創立者のこととか、申請大学の特徴的なことについて審査員の先生方に理解していただくために冒頭でお話しする。後は、基本的には評価項目に従って説明をするということになる。

この評価項目について説明する場合に私なりの基準が入ってしまうと妥当ではないので、大学設置基準とか、大学評価マニュアルとか、大学基準とか、あるいは勧告・助言をつくる際の横並び判断事項というのが大学基準協会にあり、そういう数字を考慮しながらそれぞれ説明するという形になってくる。

しかしながら、私は早稲田大学にずっといるので、どうしても自分の大学でやっていることが潜在的に背後にある。そういう観点から特に管理運営の面などになると、私どもの大学のやり方がどうしても基準になってしまうということがある。私個人の考え方はできるだけ背後に置き、余り前面に出さないように気をつけてしているわけである。

大学基準にもあるように、それぞれの大学の理念、目的というのは大変な重要事項であり、特に私立大学の場合は創立者の理念、目的あるいは思想といったものが深く大学の理念、目的に反映されているので、理念、目的についてそれが学校教育法における大学としての理念、目的としてふさわしいかどうかということももとよりであるが、かなり伝統のある大学の場合には、理念、目的がかなり設定されてから時間的に経過をしているものであるから、現代でもうまく対応できるようになっているかどうかにも注意を払う。

あるいは、理念、目的をつくった当時の大学の組織が現在大きく変わっているような場合に、理念、目的が新しい状況に対応しているかどうかといったようなことも、やはり注意してコメントするところである。

また大学の理念、目的としての観点からどういう大学を目指そうとしているのか。例えば研究に重心を置いた大学を目指そうとしているのか。それとも授業というか、教育に重点を置いて学生に付加価値をつけて卒業させるということに重点を置いているのか。あるいは両者を狙っているのか。どういうところに大学としてもっていきたいのかといったようなこととか、あるいは、地域に密着して考えられている大学とか、あるいは全国型の大学もあり、当該大学はどういう個性を持とうとしているのかといったことも、そこでコメントする。

それから、その理念、目的を実現するために、学部とか、大学院、あるいは研究所も含めて研究教育組織が適切に整備されているかどうかということもある。また、大学の理念、目的との関係で、どういう学生に対して、どういう付加価値をつけて、どういう人材を社会に送り出そうとしているのかということも、大変重要な問題だろうと考えている。

大学の中でどうしても重要なものとして、授業とか、カリキュラムがあるが、各学部が大学の理念、目的との関係で具体的な各学部の目標なり、理念というものをきちんと持っているかどうか。それを実現するためのカリキュラムがきちんと用意されているかどうかということを考えるわけである。と同時に各学部が育成しようとする人材の理想像というか、どういう人を社会に送り出そうとしているのかということとの関係で、それにふさわしいカリキュラムが整備されているかどうかということも重要である。また最近は、わかりやすい授業ということでシラバスを作成することが奨励されているが、シラバスの中で教授から学生に十分な情報が提供されているかどうかということを重要なものとして考えている。

それから、学生に付加価値をつけて出すためには、授業が学生にとって理解されやすいものでなければならない。講義をする方だけの努力ではなくて、学生の方の聴く努力も必要なわけである。最近の学生諸君を見ていると、少しずつ学力が低下しているということを指摘されているが、そういう意味で難しい講義についていけないというような状況があるから、講議をする方で講義のあり方を工夫しなければいけないという状況が出てきている。

したがって、当該大学がそういう点について問題意識を持っているかどうか。問題意識を持っている場合には、どういうふうにしてわかりやすい授業をする取り組みをしているかといったようなことについても、重要な点として考えている。

学生の受け入れということについても、各学部がどういう学生像を受け入れて、どういう付加価値をつけて送り出したいのかということとの関係で、明確にどういう学生像を受け入れたいのかをきちっと明示することが大事だろうと思う。

最近では、多様な入試が行われているが、多様な入試の中でどういう学生を採ろうとしているのかということが、しっかりとイメージづけられているかどうか。それが適切に運営されているかどうかということが重要な点だろうと思う。また、多様な入試というと、どうしても教員の方たちの負担が多くなってくるわけである。したがって多様な入試をやればいいというのではなく、それが適正に行われているかどうかということ。それは教員の負担も考慮した上で、それを検討するということが必要であるだろう。

また、多様な学生が入ってくることによって、一つは相乗効果が期待されるわけであるが、現実に多様な窓口から入ってきた学生が、どういう利点を生み出しているのかということ。あるいは、マイナス面がある場合にそれにどのように対応をしているかということが大事だろうと思う。特に、学力を余り考慮しない入り口で入るといった場合に、そういう学生に対するアフターケアがどうなっているかといったようなことも考えなければいけないと思う。多様な入試をする場合、それにつきまとういろいろな問題点が、真剣に検討されているかどうかということである。

それともう一つは、最近国大協の方でも入試情報を公開するという方向になってきたようであるが、まだまだ入試情報の公開度が低いだろうと思っている。視学委員としていろいろな大学に視察に行った時、非常に入試情報の公開度の高い大学もあるわけであるが、まだまだ入試情報の公開度というのは低いのである。入試情報をきちっと公開することが、これからは求められると思う。そういった意味での公開度がどうなっているかも重要なものとして考えなければいけないだろうと思っている。

三　勧告・助言案の作成

幹事の二つ目の段階の仕事として勧告・助言案を作成することになる。これは大学審査分科会において各委員の方たちが、審査をされ、その審査結果をもとに主査の委員が主査報告書をまとめる。その主査報告書が送られてきて、それをもとにして幹事の方でそれぞれの大学の勧告すべきことがあるかどうか、あるいは長所の指摘、短所の指摘といったようなことに分けて、主査報告書を基礎にしながら勧告・助言案を作成するわけである。

その際に例えばどういうものが勧告の対象になるかといったようなことについては、横並び判断事項といったようなものがあり、そういうものに従ってするわけである。もちろん大学審査分科会でも横並び判断事項ということを念頭に置きながら、この点は勧告の対象になる、この点は短所として助言の対象だろうといったような形でもって説明するので、事実上大学審査分科会の説明の中で、既に幹事の頭の中には勧告・助言案の素案があって、そういうような形で説明する。そういうものを踏まえて各主査報告書の報告を見、そこから拾い上げて案をつくることになる。

その案というのは判定委員会の場合だと、判定委員会の委員長、副委員長と、幹事四名で六名の人が集まり、それを逐一検討していって、これは勧告ではないとか、助言に落とそうとか、この助言は勧告にしようとかということで行うわけである。その上で正、副委員長と、幹事との間でできたたき台、勧告・助言案が判定委員会にかかる。担当した大学について、幹事の方でこういう趣旨でこれは勧告になっている。これはこういう趣旨で長所、こういう趣旨で短所として助言をするということで説明する。

なお、勧告とか長所とか短所の助言にも入らないもので特に重要と思われるものについては、判定委員会でこういう意見があったので、考慮されたいといったことはその場で説明をするということで、最終的に判定委員会で勧告・助言案が確定されると、それが大学基準協会の方で、理事会なり、評議員会に上がっていって、最終的な決定をみる。こういうことになってくるわけである。

四　加盟判定審査と実地視察

ところで、判定委員会の場合でも、これからの評価においては実地視察といったようなことがあり得る。そこで、視学委員の場合には必ず視察をしているので、その概要をご参考までにお話しておきたいと思う。

視学委員というのは、文部省に置かれているので、公権力を背景にしているが、視学委員の中身は大学人としていろいろとお聞きした上で助言をするということであるから、大学基準協会における同僚評価と、評価の上では質的に同じわけである。ただ、大学基準協会は公権力を背景にしないということだけが違うわけである。

必ず視察をするということに判定委員会における評価との違いがあるが、視学委員の場合も大学基準協会の場合と同じように段ボールに入った、ほぼ同じ資料が送られてくる。それを読んだ上で、当該大学に赴くわけであるが、最初二時間ほど大学当局から説明を受けたり、あるいは私どもが資料を読んだ上で不明な点等々について、質疑をする。提出された書類だけを見たのではどうもおかしいということがあり、それをお聞きするということである。

現実に大学を見るわけであるが、施設とか図書館、教室を見る。また講義とか演習といったような授業も見ていくことになる。さらに具体的に学生へのインタビューがある。学生が自由に言えるように、大学関係者は一切同席させずに私ども視学委員（通常は二名の視学委員と随行事務官）と学生だけで言いたいことがあったら自由に言え、必ず君らがこういうことを言っていたなんていうことは言わないから、自由に言いなさいと言うと、やはりいろんな問題が出てくるわけである。学生の生の声がいろいろ出てくるので、そういうようなことを我々がその後、最終的な講評の時に必要があればやや事例を抽象的にして、発言した学生が特定されないようにして大学側に説明するということをするわけである。

書面審査が判定の場合、パンフレットとか規則などを見て大学の概要を知ったとしても、あるいは自己点検・評価報告書によって大学ご自身が現状を分析されるところを見ても、やはりわかりにくい点があるので、本当は時間があれば実地視察をした方がいいのかもしれないが、現在、書面審査ということになっているので、その点はできないわけである。

幹事として一番気がつくのは自己点検・評価報告書を非常に熱意を込めて本当に真摯な態度でつくっている大学と、おざなりな自己点検・評価報告書になっているというのがあり、本当に大学を改善する、発展させるために、情熱をもって自己点検・評価報告書を作成している大学と、そうでない大学というのは、一目瞭然に熱意が伝わってくるのである。そういうふうに熱意が伝わってくる大学であると、コメントをする上で大変いいという審査分科会での発言になってくる。

大学評価研究二号（二〇〇二・三）所収

4　大学評価の展望

一　はじめに

大学設置基準の大綱化に伴い、大学には自己点検・評価を行うことが求められるようになり、さらには自己点検・評価を行い、それを公表することが義務化され、また第三者評価が努力目標とされ、専門職大学院については第三者評価も義務化されている。評価機関についてもこれまで四〇有余年にわたり大学の適格判定や相互評価を行ってきた大学基準協会以外にも、平成一二年四月には従来の学位授与機構を改組して大学評価・学位授与機構が発足し、国の評価機関として、当面は国公立大学を対象として大学評価を行うことになった。このような折りに大学基準協会が平成八年度以来行って来た評価（加盟判定・相互評価）に全面的検討を加え、「大学評価の新たな地平を切り拓く（提言）」を公表したのは、大学評価の多元化に相応して大学基準協会が大学評価の独自性を主張するためにもまことに時宜にかなった措置であった。筆者は、平成八年度以来判定委員会の幹事を務め、それとの関係で「本協会のあり方検討小委員会」委員として審議に参加する機会があり、改めて大学評価の重要性を認識した。

折りしも、筆者の勤務する大学においても、理事会が大学基準協会の相互評価を受ける提案を行ったときに、当時存在していた全学審議会において、消極的意見が大勢を占め、相互評価を受けないことになった。やっと今年度初頭になって自己点検・評価作業を行うこと、しかも大学基準協会による相互評価を受けるのではなく、大学が独自に第三者評価まで行うとすることが理事会から強く提案され、全学的に自己点検・評価が行われた。そして現在は第三者評価に向けての準備作業が行われているのが現状である。筆者も比較法研究所の所長として研究所の自己点検・評価作業を行ったが、その際に自己点検・評価の意義・目的・実際の作業手順について必ずしも研究所の管理委員・研究員が共通の認識を持っていなかったことがある。そこで筆者は大学基準協会の判定委員会の幹事としての経験から、研究所の内部にある委員会の委員長・幹事を始め、比較法研究所当局者として所長・幹事、さらには事務当局者からなる作業部会を設け、かつ、大学基準協会の評価項目を参考にしつつ大学が設定した項目に補充をしつつ、これを関係委員会に割り当てて自己点検・評価を行った。その際に感じたことは判定委員会の幹事としての経験が大いに役立ったことのほか、私自身も含めて関係者が意外にも大学基準協会の存在そのものを知らなかったということである。そこで大学評価につきこれを社会に定着させるためにもまずは大学評価の意義およびその評価機関の存在につき社会に認識される必要があると考えるので、若干感想を述べることにする。

二　大学の意義・機能と大学評価

大学が社会的存在として一定の役割を果たし、さらに研究機関として重要な機能を果たしていることは言うまでもない。これらの側面が大学評価の対象になることはもとよりであるが、これに劣らず重要なのは大学が我が国の高等教育機関として機能していることである。しかし、いわゆる大学の大衆化と並行して学生の学力・学習意欲・態度の変化、さらには一八歳人口の減少に伴う高卒大学受験希望者の減少、ひいては入学定員割れの現象が存在し、大学の周囲を取り巻く環境には大変厳しいものがあると言わざるをえない。かつてのように大学、なかんずく有名一流大学を卒業すれば何とかなった時代ではなく、大学においてどれだけ付加価値を付けて卒業したかが真に問われる時代になっている。それは社会に貢献するためにもまた自己の人格を陶冶するためにも役立つ付加価値でなければならない。大学の立場で言えば、学生にどれだけの付加価値を付けて卒業させることができるかが問題である。その意味では大学は自己の存在を主張するためには当該大学において学習すればどれだけの付加価値を付けることができるかを明確に示し、学生にその付加価値の内容について十分に認識させなければならない。

いまやデパートと同じく、常に大学は顧客である社会及び学生の需要を十分認識し、それを充足する用意を整えなければならない。社会の構造変化に対応できる学部学科組織の見直しを常に行って行かなければ社会の需要はなくなり、最悪の事態としては大学の倒産に至らざるをえない。現に、このような危険性のある大学が散見される。さらに、大学の持つ伝統に裏打ちされた大学の無形の雰囲気・空気が重要である。直接的には適切な教科内容を提供する努力を怠ってはならない。そのためには豊富な研究業績に裏打ちされた教育能力の高い教授陣を整える必要がある。さらに、研究と教育を支える物的設備の充足も重要な要素である。最近学生による授業評価が行われているのを耳にするが、これは真摯に実施されれば大変有用である。大学全体として組織的に取り組む必要があり、そして真面目に講義などの授業に参加した学生の真摯なる評価意見が集約される方策が必要であり、何よりもその結果が教員に伝えられ講義の質の向上に資するシステムが肝要である。したがって、大学評価の主たる側面の一つはまずもって顧客である学生にどれだけの付加価値をつけることができるかということでなければならない。

三　大学評価の内容

大学の持つ幾つかの側面に対する評価の内容としては、大学設置時に設置基準を充足した大学が大学設立時から設置基準を充足し続けていることを前提として、さらには向上しているかが内容とされるべきである。大学基準協会の評価が単に大学設置基準を満たしていることの評価であり、これにより正会員と認定するならばこれはまさに屋上屋を架するものであると言わざるをえない。大学設置基準を満たしていることを前提にその後大学自身が努力して向上発展しつつあること、少なくともその真摯なる姿勢が認定される必要があると考える。そして、大学は社会的存在として社会の中での評価が必要である。各大学の自己点検・評価を大学基準協会が第三者機関として評価する場合、それがピア・レヴューにとどまるならば所詮は大学人同志の仲間内の評価であり、したがってピア・レヴューを基本にしつつも社会の視点を採用する必要がある。たとえば、二〇〇三年四月設置を目標に議論が進行しているロー・スクールなどはその修了が新しい司法試験の受験資格に連動することが予定され、またロー・スクールがこれまでの大学の法学教育に代わって法曹養成の重要な役割を担うのであり、そうであれば法曹界のみならず、法曹に対する顧客である国民がロー・スクールにおいてどのような法学教育が行われるかに強い関心を抱かざるをえない。そこでは必然的に大学人のみならず、法曹界および国民一般の目を通した評価が必要になってくるものと考える。

四　大学評価の結果の取り扱い

大学の自己点検・評価は各大学が公表することが義務づけられている。それは大学が社会的存在として社会にとって開かれた存在であり、常に社会からの批判に晒されている必要があるからである。それが各大学の自助努力の原動力とのなるのである。したがって各大学は評価については厳しい覚悟が必要であると考える。平成八年度は判定委員会における評価の途中で維持会員としての加盟申請が取り下げられる事例があった。また平成一二年度においては判定委員会における判定結果が出た後で同じく維持会員としての加盟申請が取り下げられる事例があった。大学基準協会に維持会員としての加盟申請を行い、それに対して否とする最終決定が公表され、また公表されないまでも当該大学に与える負の影響には計り知れないものがあると言えよう。だからといって審査途中で何らかの指導のもと加盟申請を取り下げる事例はあってはならないように考える。金融機関に対する格付け会社の勝手格付けではないのであり、自ら大学が真摯に自己点検・評価を行い加盟申請を行ったのならばそれに対する結論を真摯に受け止める姿勢が必要である。いわゆる日本的な曖昧な解決は妥当ではない。この意味で今年度においては少なくとも判定委員会における否定的結論が当該大学に伝えられたので、平成八年度の場合よりも妥当な解決であったと言えよう。加盟申請を行う大学とこれに対する評価を行う大学基準協会双方に厳しい姿勢が必要とされる。そのような厳しい姿勢によって行われた大学評価にして初めて真に社会から信頼され権威のある評価となるものと考える。

五　情報開示

大学基準協会による大学評価が真に社会からも信頼され権威のある評価となるためには評価自体が当該申請大学にとってのみならず社会全体にとって透明性のあるものでなければならない。そのためには大学基準協会による大学評価が何よりも日本のみならず世界において広い意味の文化の発展の担い手になりうる人材の育成の機能を果たし、大学自らもこのような担い手として活動するに必要な質的向上を遂げつつあることの保証とそれに対する契機となるものでなければならないことを自覚する必要がある。その上で、大学評価の具体的視点やいわゆる横並び判断事項の数量的基準を含めて具体的基準を開示する必要があると考える。それにより評価の透明性が保証されるものと考える。そして大学基準協会の行う大学評価が広く社会に公知される必要がある。現在でも「じゅあ」の配布や公刊物を通して大学基準協会の活動が公表されている。しかし実際には「じゅあ」なども各大学や関係機関に配布されているのであるが、筆者は判定委員会の幹事の仕事を行うまで勤務する大学で見たことはなかった。いわんや新聞やテレビなどのマスコミを通じて大学基準協会の仕事内容を知る機会がなかったのが実情である。これは筆者の努力不足の結果かもしれない。しかし、私の同僚が大学基準協会の仕事があるので学部内の会議を欠席することの了承を求める場合、極少数の人を除いて大学基準協会の存在すら知らないのが現状である。関係者が真摯なる態度でしかも奉仕的精神で大学評価の作業に携わっておられることを目の当たりにして大変残念に思う。

大学評価の多元化が既定の事実であることが避けられない今日、大学基準協会の大学評価が他の機関による大学評価に対して特色を持つことができるとするならば、それはあくまでも社会に開かれた評価として行われることであろう。

大学評価を読む（ＪＵＡＡ選書一二巻・二〇〇一・一二）所収

5　法学部のカリキュラム改革

一　法学部においては学科目編成における縦割り方式を採用し、その利点を生かし、新入生の時から法律学に親しみ、基本的な法的素養を身につけるため、一年次から、基礎教育科目としての法学のみならず、専門教育科目である民法総論・親族法・刑法とを必修科目として設置し、さらには二・三・四年次の各段階に応じて、法学部学生として必ず修得しておかなければならない、憲法、民法、刑法、商法、民事訴訟法、刑事訴訟法などの基本的な法律専門科目を必修としてきた。要卒単位が一六〇単位であり、そのうち無選択必修科目が七六単位もあり、設置科目数は多いものの、学生にとって選択の余地が少なく、またそれも六法を中心とした伝統的な法分野に関するものが多く、しかも設置した科目の是非も必ずしもこれまで十分に検討されてこなかった嫌いがある。

もちろん法学部では十分にこれらの問題点を認識し、恒常的にカリキュラムの見直しを行い、部分的改善を図ってきた。例えば、総合科学系Ⅱを設置して八単位を限度に一般教育科目の単位の増加取得（したがって、それに相当する専門教育科目の取得単位数が減少する）を認め、また小人数クラスの重視と一・二年次で終了する外国語教育をさらに三・四年次へと縦に延ばすべく、英語、仏語、独語、中国語につき一般教育演習を総合科学系Ⅱに設置し、一九九三年度入学者からは保健体育科目を必修科目からはずし、一般教育科目（健康科学系）の選択科目とすることとし、さらには一年生対象の法学演習の単位を取得した者は、基礎科目「法学」に振り替えることができることとした。

しかし、旧来のカリキュラムのこのような部分的な改善では、各法分野における研究の著しい発展や学際的研究の進展、社会の多様化・複雑化、さらには国際化という今日的状況に対応するのにも限界があり、かつ、学生の自主的な勉学意欲に応えるにも必ずしも十分でなかった。そこで、大学設置基準の大綱化を好機として、これまで数年にわたり検討してきた成果を踏まえて大幅なカリキュラムの改革を一九九四年度より実施することにした。

二　その要点は第一に、学生の科目選択の余地を拡大し、あわせて学生に自由な勉学の余力を与えるために、要卒単位を一三六単位に削減したことである。まず、必修科目が七二単位で、一般教育科目一六単位、外国語二か国語一六単位、専門法律科目四〇単位からなる。必修専門法律科目は、共通必修科目とコース必修科目に分かれ、前者は、基礎法一科目、一年配当の憲法・民法総論・刑法、二年配当の物権法・債権総論、三年配当の民事訴訟法および刑事訴訟法の内から一科目の合計二八単位であり、後者は一二単位である（例えば、法律コースでは刑法各論、会社法、債権各論である）。選択科目は六四単位で、共通選択科目（五二単位）とコース選択科目（一二単位）がある。

第二に、基本的な法学的素養を身につけたうえで、学生がその希望するところにしたがって体系的により深く高度な法学的知見を加えられるようにするため、法律コース、公共政策コースおよび国際関係コースからなるコース制を採用したことである。法律コースは、「樹幹」に相当し、「六法」科目を中心とする伝統的な法学教育を目指すものである。これに対して公共政策および国際関係の二つのコースは、いわば「樹幹」から分かれた「枝」に相当すると考えられ、それぞれ行政学・行政法等、国際関係論・国際法等を中心に組み立てられている。コースの選択は、二年次からコース必修科目を選択することにより行われる。卒業の段階でいずれかのコースの必修科目を履修していればよいとするものであり、またあるコースの必修科目を履修している者も別のコースのそれを選択履修できるので、少なくとも二つのコースを履修できるシステムとなっている点に特色がある。

第三に、多数の受講者をもつ大講義の短所を補い、教員と学生との身近な接触を通して勉学と人格陶冶を図り、さらには法学の専門教育への橋渡しとなるようにするため、まず、一年次に多数の「法学演習」を設け、二年次より、本格的なゼミとして数多くの「法学演習」を設置し、小人数教育の充実を図ったことである。また、ゼミナールの充実は専門法律科目以外にも向けられており、例えば、一九九〇年度より設置された一般教育演習もこれまで四単位履修が認められていたが、これを拡充し、三年・四年度と継続して履修し、八単位まで取得が認められるようになったことである。

第四に、要卒単位を削減したのにもかかわらず、外国語教育を重要視してこれまでと同様に二か国語一六単位を必修としつつ、さらに四単位を選択履修することを認めて合計二〇単位まで要卒単位として算入できるとしたことである。そして、大学において初めて履修する外国語を未履修外国語としてその効率的学習効果を果たすべく一週間に三コマ（六単位）を設置し、そのうち二コマを基礎とし、同一の教員が担当し、残りの一コマを演習として外国人教師などに担当させるなど工夫を加えている。

最後に、カリキュラムの改革の利点を在学生にも及ぼすべく、来年度より四年必修法律科目（国際法・

労働法・法哲学）を四年配当の選択科目としたことである。

三　さらに、二一世紀を見据えて必要とされる法学教育はどのようなものであるべきかについては今後一層検討されなければならない。もっとも当面は一九九四年度より実施されるカリキュラムの内容につき、とくに一般教育科目を中心として引き続き検討を行い、より充実したものにしていく必要があり、また新しいカリキュラムにおいて設置されたあるいは設置されるべき科目の担当者に優秀な人材を確保する努力が必要である。

早稲田学報復刊四八巻四号（一九九四・五）所収

Ⅲ　学生と共に

1　カメオ君のこと

カメオ君というのは、先月よりわが家の一員となったオスのオカメインコのことである。わが家には、この他セキセイインコ三羽、ニワトリ一羽、そして私の妻、男の子二人、女の子一人が仲良く生活しているのでありますう。現在のわが家の人気を二分しているのが、カメオ君と、昨秋生まれた次男の正睦君である。正睦君の世話はもっぱら私の家内の役で、カメオ君の母親役は私であります。今日はこのカメオ君のことを少し書いてみようと思う。

カメオ君という名は、オカメインコからとった愛称であり、このオカメインコというのは、大型インコ（人によっては中型インコ）に分類されるもので、原産地はオーストラリアであり、体長は約三〇センチメートル前後となります。羽毛の色は全体的に褐色をおびた灰色をしていて、ほおにオレンジ色の大きく丸い斑点がまるでほお紅でも塗ったようについているのがその特徴であり、その顔立ちはおかめそっくりです。オカメインコの名の由来もここにあります。顔と、オウムの特徴である頭頂の冠羽が黄色、雨覆いが白く、側尾は黒色です。わが家のカメオ君は、ホワイトオカメインコ、別名日の丸オカメインコという種類で、全身が白い羽毛につつまれ、ほおの部分のオレンジ色の丸い斑点だけが残ったもので、大変愛嬌のある、人なつこい種類のものです。訓練しだいで人の声もまねるようになり、その鳴き声は実に美しく、とくにうぐいすの鳴き声をまねさせると大変素晴しいものです。もちろんこのように仕込むには大変な忍耐と努力、そして何よりも鳥に対する愛情がなければなりません。

　カメオ君は、現在のところ、人間でいえば、離乳期前の赤ン坊ということになります。最初のうちは、アワ玉をお湯でといて、スプーンで口に運んでやります。人間の赤ン坊と同じく約三時間おきにこれをやります。それに、ポレーの粉末（これはカキ殻を焼いてくだいたもの）や、青菜のすったものを与えます。夜は、暖房のきいた温い部屋で寝かせます。わが家ではクリーンヒーターをつけたまま寝かせます。つまり、カメオ君は、私が家内からうける待遇以上のそれをうけているわけです。食事のときには必ず手の上にのせてやるように心がけます。そして、その際にはカメオ君と呼んでやります。しだいに鳥は人間に慣れ、安心して食事をするようになります。このころ気をつけなければならないことは、足首や指の骨を折らないようにすることです。体の方が重く、体を支えるのに十分ではないのです。こうして、時間の許すかぎり、目の色、輝き、羽毛の色、つや、姿勢、たとえば首を体に突っ込んで羽毛を逆立てているかどうか、フンの色、硬さなどに注意していますと、鳥の健康状況が把握できます。はじめのうちは冷えたエサは食べませんが、しだいにこれを自分で食べるようになります。生後約九〇日位で、普通の小鳥のエサ、アワやヒエを混ぜたものや、それにヒマワリの種を食べます。またバナナなどの果物も大好物です。カメオ君はいまやっとお湯でといたアワ玉を自分で食べ、また青菜をついばめるようになりましたが、いまだヒマワリの種をむけません。しかし、いつもあきることなく、これをむく練習をしております。成鳥は実にあざやかにヒマワリの種をむいて食べます。カメオ君は、はじめのうちは穴をあけられなかったのですが、最近やっと穴をあけられるようになりましたが、直ぐ落してしまうので、結局ヒマワリの種を食べることができないのです。しかし、ふしぎなもので、いつしかこれを割って食べることに習熟するのです。人間のように母親が教えるというわけではないのですが。カメオ君は大変おとなしく良い子ですが、寝息が大きいのです。夜は、私の部屋で私の枕元のカゴの中で寝るのですが、その寝息がかなり耳に伝わってきます。これが時には心地よい眠りにさそう効果もあります。業務上失火罪の「業務」の範囲についていかに考えるべきかなどと、昼間の仕事のことでなかなか眠れないときなど、カメオ君の寝息に耳を立てていると自然に寝てしまうというわけです。朝は、障子越しに明るくなってきますと、カゴの中で騒ぎ立てて、私を起こします。目覚し時計は不要なのです。早速、カゴをあけ、カメオ君を手の上にのせ、朝の会話がはじまります。わが家の早起き者は実にこのカメオ君です。あと一ケ月もすれば、自分で普通のエサを食べることができるでしょう。それから色々なしつけをすることになるわけです。

ペットはよく飼い主に似るといわれます。小鳥も例外ではありません。いわばカメオ君は私を映す鏡でもあります。私がカメオ君にそそぐ思いやりとこまやかな愛情は必ずや私にかえってくることでしょう。そこにある基本は、いわゆる〝手作りの精神〟です。相手の個性に応じた、手間暇をかけた接し方の中から飼鳥家と鳥との交流が生れるわけです。このことは、教員と学生との関係にも通ずるものであるように思われます。早稲田大学は大変なマンモス大学で、マイクを使った大講義、ゼミといっても六〇名定員ギリギリのそれでは教員との接触や学生同志の交流も思うようにいかないのが実状です。しかし、幸いにも多数のサークルが自主的で充実した活動をしております。刑研もその一つであると思います。そこでの活動の要点は〝手作りの精神〟にあると思われます。昨春のいわゆる追コンの時より私は副会長に就任し、会長の西原春夫先生を補佐し、刑研および刑研の会員諸君のお世話をすることになりました。一昔前、浅草寺境内でみた千輪咲きの菊の美しさを想い起こしながら、私はかつて大輪の菊を育て、今カメオ君を育てる心で刑研の運営に助力しようと考えます。

ユスティティア一四号（一九八〇・三）所収

2　書店を訪れて

先日、後輩の結婚式の帰途、同席した院生諸君と最近開店したばかりの三省堂書店をのぞいてみた。このごろ書店の大型化が目立っているが、それにともない長所、短所が生ずる。この三省堂書店は、神田書店街の案内を含む各種のレファレンス機能をもち、備え付けられている図書も、各種の雑誌、地図、専門書より学習参考書にいたるまでおよそあらゆる種類、分野にわたっており、まさに、本屋のデパートというにふさわしいものである。ゆっくり書物をみて歩くには丸一日はかかるのではないだろうか。

このような書店には便利な点がある。およそ一軒の書店で必要とする書物を見つけ、購入できることであり、またその書店のレファレンス機能を利用できるからである。したがって、このような書店を良しとする者も多いと思う。しかしどうであろうか。本を探し、買い求めるのは、私にとっては〝恋人〟を探し求めるのに似ている。例えば、はじめより求める書物がわかっている場合は、デートの約束の場所に赴くような気持ちで書店に行く。改札口で背を向けて立っていることもあり、改札口に向かって歩いてくることもあり、また改札口と時計をみてそわそわはらはらすることもある。その時のたたずまいはなんともいいようのないものである。顔をあわせたとたん、言葉にならないものが交錯する。お目当ての書物を陳列棚の上にみつけたときも同じである。書物と出会い、又これを選ぶさいの雰囲気が大事なのである。

そこで、なじみの本屋ということが重要なのである。本屋の店員さん達と親しくなり、なによりもその陳列棚に並んでいる書物をおおよそ頭に入れているとなおさら良い、そして、遠慮なく立読みができることがなお望ましい。目的とする書物の種類、生活の地理的過程に応じて二、三のこのような本屋を定めておくと良い。それはあたかも、うなぎを食べるのに、浅草なら前川、上野なら伊豆榮、駿河台下なら伊豆国、そして西早稲田では鈴金というように自分の好みの店を定めておくことと同じである。食べるにしても、色々な種類のものを食べさせる料理のデパートみたいなところは便利かもしれないが、私の食欲をそそらない。やはりその折り折りの体調や好みによって食べ物もちがえば、店もことなる。書店も同じである。小さななじみの本屋をいくつかきめていて、そこで折りにふれゆっくりと本と対話したい。大型書店ではざわついていてゆっくり本を選べない。デパートの混雑そのままである。それに、民法の本が刑訴法の棚にあったり、刑法や刑法総論がなく、刑法各論のみの棚というのはいかがなものであろう。長所はあるものの、大型化するのにともない、きめのこまやかさが失われるのであろうか。それにひきかえ、なじみの本屋は長年連れ添った古女房の如くである。

かような本屋をもつことを会員諸君にすすめたいと思う。とくに今春入学・入会された諸君は、これからじっくりつきあえる書店を、恋人や友人を選ぶと同じぐらいの慎重さと情熱をもって選んで欲しい。そして、じっくりと誠実に本屋とつきあうことである。きっと諸君の学生生活を実り豊かなものにするであろう。心の糧てとなるものを求めることに貧欲であって欲しい。私はなじみの本屋をもつことを諸君にすすめたいと思うのである。

ユステェティア一五号（一九八一・三）所収

3　二男の名前

成田空港の開港一週間前、昭和五三年五月一四日に武蔵野の面影の残る新狭山を後にして当地城下町、水と緑にめぐまれた佐倉に移り住んで、早いもので四年目の春を迎えようとしている。この間、長男陽《アキ》明《ラ》、長女紫咲《ムラサキ》に二男正睦《マサヨシ》が生れ、家族五人となった。親は子の名前をつけるのに色々と苦労するものであるが、とくに苦労したのが二男の名前である。

二男坊はマサヨシといい、正睦と書く。周知のごとく正睦というのは、佐倉藩主堀田正睦の名前からとったものである。最初はマサヨシという音に種々漢字を考えているうちに、正睦という字を当てることにしたのであるが、考えてみれば、これが昔日本史で習った、幕末時老中首席として日米通商条約の草案をまとめ、調印のため勅許を得べく京に上り努力した堀田正睦（結局勅許は得られず、その後井伊大老のもと勅許によらず条約は調印され、正睦は辞任した）であり、それが佐倉藩主であったことを知って、何にやら因縁めいたことを感じたことであった。早速、佐倉図書館で、「佐倉人物伝」を借り出し、堀田正睦なる人物を調べ、正睦が藩政改革にあたり、武士及び庶民の生活の向上に留意し、とくに学問教育の振興をはかり、蘭学を導入し、西洋医学、砲術の研究、種痘法の実施などを行い、また農政においては貢租を減じ、間引禁止を進めるなどの施策を行い、幕末の外交問題で示した進歩的態度に時代の流れを読みとり、時代感覚にすぐれていたことを知り、晩年は天寿を全うしたことを確認し、私が子につける名前として申し分なきことを確信したまではよかったが、正睦をマサヨシと読むことについては諸橋氏の大漢和辞典にも、睦をチカと読むがヨシと読む例はなく、はて困ったと考えたものである。子供が大きくなって名前を説明してやれないのも困る。そこで、色々と調べたが、ついにヨシの読みが説明できない。

天の助けか、ある機会に知人のT氏にそのことを話したところ、T氏云く、自分の知人に比叡山の僧呂がいるから聞いてやるとのこと、しばらくしてT氏より電話があり、飛島井明実氏の説明によると、書経の中の堯典に、「九族既親睦」という言葉があり、これを日本語に表現するときは、「九族既親好」と書き、「キュウゾクスデニシタシミテヨシ」と読むとのことであると知らされ、やれやれしたのが思い出される。

名前一つの読みを調べるのも大変根気がいるものであり、またそれをあくまで調べようという気持さえもっていれば、いつか明らかになるものである。私にはこのような体験が幾度かあった。助手の頃、杉山教授との共同研究で日本刑法草案会議筆記の校訂作業中、早大本以外の存在を信じて探しまわったことがある。別なテーマの論文の資料を収集するために国会図書館で図書目録をあさっていてガリ刷りの最高裁の図書目録を手にとり、そこに最高裁判所蔵本を発見したときにも味わったことであり、また不能犯の判例研究のさい、朝鮮高等法院判決録を必死に探したことがあり、これも数ケ月後やっとのことで見つけた。

ある事を調べることに私はこよなく興味をもつ。そしてあくまで探し求める。いつかは見つかることを期待して。会員諸君も何事にも探し求めるという姿勢をもってもらいたい。

ユステェティア一六号（一九八二・四）所収

4　在外研究を目前にして想うこと

先日NHKテレビで報道されたように、この度、中野刑務所が廃庁となり、四月から取りこわされることになった。その跡地には防災公園および東京矯正管区の研修所が建設される予定とのことである。まことに残念ながら、これまで中野刑務所を参観する機会がなかったのであるが、たまたま同刑務所を参観する話がもち上がり、この度、数人の人々と中野刑務所を訪れたことであった。正門まで重松氏が出迎えてくださっており、同氏のご案内で内部をゆっくり見せていただいた。中野刑務所は聞くところによると東京駅を設計された人のお弟子さんで早大教授であった故五島慶二氏の設計によるものであり、氏は早逝されたためこの刑務所が氏の代表的な作品であるとのことである。周知のように中野刑務所は、大正一二年の関東大震災で大破したあと復旧工事にかかる部分を除けば、明治四二年建築に着手し、大正四年の竣工以来そのままの煉瓦造りであって、その放射状に延びた監房の型は大変すばらしい。また中野刑務所は分類センターとして、あるいは若年受刑者に対する総合職業訓練センターとして、さらには新しい処遇技術開発のための研究活動の場として運営されてきたのであり、いうまでもなく、日本の近代行刑史の中で中野刑務所が常に先駆的役割を果たし続けてきたことを我々は改めて記憶にとどめなければならないであろう。幸いにも写真撮影が許可されたが生憎とカメラの用意が十分でなく後日再び写真撮影に出かけたことであった。かようなわけで、在外研究の準備に追われている合い間をぬって中野刑務所を参観できたのは大変幸いであった。

それにつけても、刑研が主催する施設参観に対する学生・院生の熱意がうすれてきたかに思われることは残念である。この前市原交通刑務所の参観を計画した折、院生・学生の中にテレビで見たからといって参観を希望しなかった者がいた。勿論その時の都合にもよるのであろうが、やはり刑法の研究や勉学に従事する者としては、自分の眼で見る機会があるならそれを活用すべきであろう。とくに刑務所というものはテレビで見ても実感はなかなかつかめない。施設の中に自ら立ち入って直接自分の眼で見、肌で感じる必要がある。かつて故正木博士や森下教授が志願囚としての体験をつまれたのもこのことによるであろう。会員諸君は積極的に刑研の行事や運営に参加されることを願ってやまない。

ところで、私はこの度、早稲田大学長期在外研究員として西ドイツのフライブルクにあるマックス・プランク外国国際刑法研究所で研究に従事する機会が与えられた。今日なおドイツ刑法学の影響が強い事実は否定できないが、やはり横のものを縦にする時代ではなく、また資料を読むだけならばなにもドイツに出かけることはないとある人が進言してくれた。もっともなことであろう。日本の刑法の重要な文化的背景となっている西欧文化の中に身をおき、その空気を胸一杯すってくることが重要であろう。そして、とくに若手の刑事法学者を中心として、人々との交流に多くの時間をさきたいと思う。またできるだけヨーロッパの行刑施設もこの眼で直接見てきたいと思う。このような願いがどこまで実現できるかはまことにおぼつかない。しかし、これが自己に課せられた任務と考えて全力を尽したいと考える。

この在外研究期間中は刑事法研究会の諸君の活動についてお世話できないのが心苦しいが、幸いにも先輩である曽根先生に西原会長の代行になっていただけることになったので、諸君は曽根先生のご指導、お世話の下で刑研の活動を積極的に行ってもらいたい。

まことに私が今日あるのは刑研に入ったことによるといってもよい。それを想い起こすと大変感慨深いものがある。学部二年生のとき、たまたまスクールバスで隣り合わせた刑研の先輩であるT氏の勧めにより刑研に入り、西原先生に親しく接する機会にめぐまれたということが私のその後を大きく方向づけたといってよい。このように刑研というサークルとの出会いが、そして、その出会いをもたらしてくれたT氏との出会いがこのように大きな意味をもってきたとはその当時想像だにできなかったことである。しばしば人生は偶然によって方向づけられ、決定されるものであるという。些細であればあるほど逆にそれは大きな意味を隠し持っているかもしれないのである。私の研究室には、助手就任の祝いとして贈られた額がかかっている。そこには一期一会と書かれている。いつもその折、その折の色々なものとの出会いを大切にしたいと考える今日この頃である。はたして、ヨーロッパでどのような出会いにめぐりあえるであろうか。大いなる楽しみである。

ユスティティア一七号（一九八三・四）所収

5　採点風景

春休みは教師にとっては試験の採点の時期でもある。学生諸君が一年間勉強した成果を判断するわけであるから、採点する方も真剣にならざるを得ない。かつて私が学生であった頃、ある教授は研究室の窓から答案を落として先に落ちたものに優をつけるとか、はたまた扇風機でとばしてどうのこうのというまことしやかな話を当時の一先輩から聞いたものである。しかし、採点する立場からみると決してそのようにいい加減なものでないことが良くわかる。大変な仕事である。

採点していて、良く書けた答案に出会うと大変楽しいし、また安心して読むことができる。白紙のそれに出会うと、あたかも砂漠の中でオアシスを発見したかのようである。あまり出来の良くない答案の場合は、細心の注意を払って、点数になるところを見つけなければならない。出題に際しては、なるべく書きやすく、また点数のとれるように配慮するのであるが、ヤマがはずれたという学生諸君もいるらしいし、わざわざ点数をとってもらう意図で出しているのに、逆の結果になっている場合も多いのである。なかなか思うようにはいかないのである。しかし、本当に十分勉強ができていれば、どこから攻められても、十分な対応ができるはずである。しょせんは、ヤマがはずれたというのは不勉強のなせる結果にほかならないのである。ヤマがはずれたというので、自分で勉強してきたテーマについて答案を書く学生がいる。試験は当然のことながら、出題に対して答えるものでなければならない。それ自体としてはいかに良く書けていてもやはり零点である。一番いやなのは、色々と言いわけがましいことを書いたり、就職も内定しているので、何とか単位を下さいと願いごとを書くものである。何か女々しく、未練がましいのである。

このところ研究室へ学生が訪ねてくる。用件は当然のことながら、試験の採点結果である。つまり不可となった学生がその理由を聞きに来るのである。大抵の場合に学生は言う。自分は優だと思っていましたが不可でした、と。そこで、何をどのように書いたかをまず質問すると、皆十分に答えられない。自分の書いた答案の出来、不出来がわからないのである。そこで、事務所より答案を取り寄せて、答案を見せながら不可とせざるをえない理由を説明することになるわけである。ときとしては、それでも何とかして単位をもらえないだろうかと頼みこむ学生もいる。かつて、西ドイツに出発する前夜遅く答案について問い合わせがあり、翌日成田空港から事務所に電話をして答案を調べてもらい、その場で学生に電話で説明してやったこともあった。また、突然自宅へ訪ねてくる学生もいるかと思うと、ひどいのになると、一方的に試験の終わった二、三日後レポートを送りつけ、参考にして採点して欲しいという。もちろん、これは一部の学生であろう。しかし、あまりにも身勝手としか言いようがない。いつもこのような学生諸君に出会うのである。あまり女々しいのは好ましくない。かような学生諸君には甘えがないだろうか。なるほど、当の本人にしてみれば、就職も内定しており、単位が欲しい事情はわかるのであるが、だからといって、他の学生との公平な取り扱いの点からも例外的に配慮することは出来ない相談である。これはいわば採点する者の最低の職業倫理である。しかし、そうはいうものの、私の科目だけではないにしろ、就職が内定した学生が卒業できないということについては、単位をやらない、実はやれないことがその学生にとってどのような意味をもつことになるか、色々と考えさせられるのである。いつもこのような場合には心を鬼にして原則どおり例外的な措置を一切認めない。それは当然なことであるが、しかし、そうはいうものの、その学生の将来のことが案じられるのである。とかく、この採点の時期はかようなことがよくあるので、いやな時期でもある。

ゼミなどのように日頃、報告や討論などを通じて直接的に学生の勉強の成果を判断できるのとは異なり、講義科目では多人数であることもあり、いわば、起訴状一本主義のように、答案のみで判断せざるをえない。したがって、採点する方でも、あまり不可をつけたくないが、それでもそれほど抵抗感なく不可をつけることができる。それに、現在では年一回、一時間の試験ですべてがきまってしまうのであるから、学生にとっても大変な危険を負担することになる。しかし、実のところそんなに単位がとりにくいものなのだろうかと疑いもでてくる。多くの学生諸君が講義を聴き、基本書を熟読し勉強の成果をあげていると思うのであるが、その一方で、四、五人でグループを作り、予想問題の模範解答をいわば分業的に作成し、それをコピーし、回覧して試験を受けるということもしばしば耳にする。実際同じような、内容の類似した答案に出会うことがある。便利な解説書が多数出廻っていることにも原因があるのかも知れないが、何か即成的な勉強をしているような気がしてならない。やはり定評のある基本書にもとづいてじっくりと法的思考力を養うように努力してもらいたいものである。もっともこのような思いも不要かも知れない。大変立派な答案が多数存在するからである。

いずれにしても、あまり手軽さ、便利さに走ることなく、じっくりと腰をすえて法律学の勉強に取り組み、その成果を答案に結実させてもらいたいと思う。もちろん、大学における勉学の成果は試験の答案のみに現われるものではない。模擬裁判などもその重要なものの一つであろう。その意味でも模裁を立派に成功させた刑研の会員諸君を大変たのもしく嬉しく思うことである。刑研の一先輩として、また会員諸君のお世話ができるのをまことに嬉しく思うこの頃である。

ユステェティア二〇号（一九八六・四）所収

6　研究室生活二十年の一側面

今年三月一三日、刑事法研究会の会長である西原先生はめでたく還暦を迎えられる。刑事法研究会の諸君共々心からお喜びを申し上げる次第である。もっとも還暦と言っても昔と違い寿命の伸びた現在では還暦を迎えた人の多くは若くて現役でバリバリ仕事をしている。我々の会長の西原先生も諸君よくご承知のように総長の激職にあり、内外の要職を勤めるかたわら、学部では刑法の講義を、また大学院では演習を担当され、あまつさえ学会活動も精力的にこなしておられるのである。そこで還暦祝いと言っても世間的な意味ではご本人もさほど嬉しくないらしいと思われる。そこで大学院の西原研究室では日頃お忙しい西原先生とゆっくり歓談する機会がないので、これを機会に西原先生に時間を取って頂いて往時のように皆で歓談しようとこの度還暦祝賀会を開催することにしたのである。おそらく刑事法研究会でも新入生歓迎コンパの際には会長の還暦祝いが大きな訴因になることであろうが。

私が西原先生に親しく教えて頂くようになったのは学部二年生のときに刑事法研究会に入り、ゼミに出たときからである。当時は先生も今よりは時間的ゆとりがあったので、確か五、六名のゼミで刑法講座二、三巻に掲載されている行為・違法・責任に関する論文を読みながら色々と刑法の基礎的な理論につき教えて頂いた。その一方で二年生の法学演習でも刑法総論の基礎的な手ほどきを受けたのである。よく授業が終わっても黒板の前で色々質問をしたりもした。また四年生のときは合宿でゼミの座長を勤めるという職務を忘れ自ら議論の当事者になり西原先生に座長の役割につき色々と注意されたものである。当時は誰とでも刑法の議論をするのが好きであり、刑事法研究会では会の運営などの面で仕事をするようなことはなかった。ただゼミなどに出席するという会員であった。昔はよくゼミの席で勝手な事を言い、今は弁護士をされている二宮さんなどに怒鳴りつけられたものである。そのような訳である会の幹事のようなことは学部時代は殆どやったことはないのである。当時は比較的小人数で自由な雰囲気であった。だから私みたいな者も会員に留どまれたのであろう。

ところがである。西原研究室に入学してからは事情が一変したのである。当時は西原研究室は草創期にあり、一、二期生が研究室の雰囲気を作るのに重要な役割を果たしていたと思われ、どうしてどうして先輩たちの威張りようと言ったら大変なものであった。私は三期生であり、いつでも雑用を遣らされていたように思う。例えば、当時は毎月コンパをやり、それには西原先生も必ず出席されていたように思う。その外に昼食のときに今日の夕方コンパをやるからというのでその度に会場探しをさせられたことも多い。先日還暦祝賀文集に添付する資料を作成するために当時の手帳を見ていたら住所録の欄に大学界隈の寿司屋、蕎麦屋などの電話番号がたくさん記載されている。それを見ていると当時コンパの会場探しに走り廻ったことが懐かしく思い出される。会場を探すだけではないのである。大学の近くに下宿している先輩が欠席するというので、それでは下宿まで行って連れて来いと命じられて、同僚と一緒にその先輩の両肩を抱くようにして会場まで嫌々ながら連れて来たことも記憶に新しい。そのような訳で西原研究室では必然的に研究室の雑事をこなさなければならないことになり、その後助手に採用されて大学に残ったということもあって、このことは決定的になった。そこで思ったのは、どうせやるからには嫌々ながらやるのではおもしろくない。西原研究室は入ったら最後足が抜けないところで、実質的には卒業はないのだと先輩に教えられた。それは結局西原研究室に入ったことのつながりにおいて色々な仕事なりが出来るということであろう。そこでむしろどうせ研究室の雑事をやるのならむしろ研究室での人のまとまりをいかに維持するか、を念頭において積極的に与えられた雑事を処理しようと心がけて来た。そのような訳で学部で色々の行事やパーティーを設営することにもそれほど苦労を感じることもなくなった。これは刑事法研究会での生活では決して考えられなかった一面であった。

色々な行事でも一つの組織体で決めて実行するのは比較的やりやすいのである。研究室のような比較的組織化されていないところで、かつ、恒例となっていない行事などをやる際にはどのようにこれを企画し進めていくかには困難であることも多い。この度研究室で還暦祝賀会を開催するについても西原先生が現職の総長であることもあり、またその教えに触れた方々も多い中でどのような考え方でどんな範囲の人をお呼びして行うかなど色々と考えなければならない難問も多かった。それには広く関係者の意見を伺い大方の了解を得られたところにしたがって筋目を通していくことが肝要であると考える。ある親しい学部の先輩教授が私に全員の賛成を得ようと思ったらそれは思い上がりであると言われた。支持してくれた多数が大事なのであると。西原研究室での私の雑用係りの二〇年は民主主義の法手続きの実践の場でもあった。つくづく人々の了解を得つつ筋目を通すことが難しくかつ重要であると思うのである。

ユスティティア二二号（一九八八・四）所収

7　空白の日記から

一二月一九日から私の日記はしばらく空白が続いた。私が交通事故に遭って右手が不自由な日が続いたことが原因であった。それは一九日の午前九時四五分頃のことであった。郵便局へ向かって国道上を自転車で走行中、突然白い乗用車が右側から視界に入ったかと思った瞬間私の自転車の前輪の右側にその乗用車が衝突し、私は舗装道路上に打ち付けられた。私の目の前には鮮血で赤く染まったクリスマス・カードが散乱していた。何が起こったのかは咄嗟には判断出来なかった。ただ、意識を取り戻した私はその車を運転していた加害者の婦人に抱かれながらも、思わずそのクリスマス・カードを拾い集めんとしていた。そして、事故現場の前のパチンコ店の人であったと後で聞いたことであるが、その人に自宅の電話番号を告げ、家内に連絡してくれるよう依頼し、自分は救急車で近くの救急病院に収容された。やっと落ち着いた私は初めて交通事故に遭い、怪我をして病院に運ばれて来たことが理解出来た。

後で担当医に聞いたところによると右頭部脳挫傷で一一針縫い、さらに右大鎖骨骨折で全治三カ月の怪我だと聞いて愕然としてしまった。しかも二二日に鎖骨骨折の手術をして、その折れている骨のところにステッキのような形をした針金を入れて固定するのだそうである。そうするとギブスで固定するよりも骨折の回復後右手の使用が早くなるとのことであった。医者のほうからするとこのような手術は簡単なものであるらしく、いたって事務的に処理されているような気がしてたまらない。といってもいまさらどこに文句を言っても始まらない。しきりにうなだれて謝る加害者を見てもどうになるものでもない。しかしこうなったら医者を信じて総てを任せるより仕方がない。手術着に着替えさせられたものの、前の人の手術の終わるのをじりじりと待ちながら不安の気持にかられるのを外面では平静を装いつつまた簡単な手術であることを自分に言い聞かせたりもした。幸い、無事に手術室を出たときには家内と子供達と加害者が迎えていてくれた。やれやれと安心したものの、医者の言うのには腹が立った。麻酔が効き過ぎて目覚めるのが遅くなり心配したと事もなげに言うのである。何故俺だけがよりによって正月を控えたこのような時期にこんな不運に見舞われるのか、情けないやら悔しいやら、と同時に医者から見るととくに外科医は特にそうなのであるかもしれないが、患者が人間というよりも俎のうえに置かれた魚のように思えるのではないであろうか。どうも手術の際には私は精神的存在である自分は無視され、たんに生物的・生理的に存在しているものとして扱われたようである。それも外科医にとっては患者に接する大事なしかも誠実な態度なのであろう。しかし、そのことがなんとしても厭であった。その後は担当医はもとより看護婦に至るまで大変親切にして下さり、その後の経過も順調でやっと固定していた三角布もとれて右手も次第につかえるようになった。あとはもう一度一〇日ばかり入院して骨を固定している針金を抜けば一応治療は終わりということである。

それにつけても最も心配された頭部の断層撮影の結果は異状が無く安心したものの、この事故のお陰でここしばらく右手が使用出来ず予定の仕事が進まなかったことが何よりも残念である。そして特に思うのは私が果たして学生に対して誠実に接して来たであろうかということである。もちろん自分としては講義・演習などを通して真摯に教育・指導に当たって来た自負心はある。しかし、講義などにおいてもいつしかその内容において自分が全面に出て、指定した教科書からそれてしまうことが多々ある。それは私の中に自分の刑法が些かなりとも芽生えて来た証である。何事においても一定の作法というものがある。その作法に従いつつも自然とそれから離れ、やがてはまた一つの作法に至るのであり、それを繰り返しつつ本当に自分がそこに完全に表現された作法が出来るのである。かって菊をしばらく栽培していた折りにつくづく感じたことである。しかし、学生からすれば一定の作法から離れた講義を自由にされたのではとくに試験の対策という観点からはたまったものではない。そこで、学生諸君からはメモでもよいから早く先生の考え方をまとめて欲しいといわれるのである。そのような訳で西原先生にご相談申し上げ、講義案執筆のお許しを戴きその作業を開始したのであるが、未遂・共犯・罪数の部分を変則的に書き上げたままその前半部分が完成していない。とりわけ今年度は刑法総論を一年度に降ろした初めての年でもあるので、最後の講義の機会にその内容を総括しつつ試験についても具体的に触れる予定でいたところ、学費値上げ反対のストライキのためにその機会もなくなってしまい、またストライキ成立前に怪我のために休講にした私の講義の補講も理論的にはスト破りではないが、現状では難しいとのことで、私の刑法総論を聴講された学生諸君には大変不便をかけたように思う。

やはり仕事が再開出来た今真っ先に学生諸君に対する責務を果たすために講義案の残りの部分の脱稿に全力を注ぎたいと思う。つくづく両手が自由に使えることを有り難く思うこのごろである。

ユスティティア二三号（一九八九・四）所収

8　刑法総論の執筆を終えて

一月一九日に最後の部分である第三編刑罰論の原稿を出版社（成文堂）に渡し、刑法総論を脱稿した。顧みれば、在外研究から帰国した昭和六〇年の夏に行われた西原研究室の合宿で、講義案の執筆につき西原先生に相談し、その執筆のお許しを得てから少し長くかかったような気がする。最初の予定では、講義の関係で昭和六二年度の後半の講義に間に合わせるべく、未遂・共犯・罪数の部分を収めた刑法総論講義案（中）を同年一〇月に公刊し、引き続き刑法総論講義案（上）、（下）と刊行して、数年経た後、講義案の内容が熟するのを待って一本の書物にする予定でいた。

しかし、その後の個人的な種々な事情のため執筆がはかどらなく、さらに悪いことには一昨年の暮れには交通事故に遭い、しばらく右手が使えず執筆が思うように進まず予定よりもだいぶ遅れてしまい、特に私の講義を聴講している学生諸君には迷惑をかけて申し訳ないと考えていた。そのためもあり、昨年の夏休みには交通事故による遅れを取り戻すべくほとんどすべての時間を刑法総論の執筆に割き、九月には第二編犯罪論の総説、行為論および違法論を脱稿することができた。しかし、その後休み明けには授業等でおわれ、また色々と結論に悩んでいたためもあり執筆が思うように進まなかった。冬休みになり、幸いにもなんとか年内に責任論の部分の脱稿にめどがついたことを出版社に連絡したところ、一二月三一日の夕方に出版社の人が自宅まで原稿を取りに来てくれるという大変なる好意に満ちた強制により、私は観念すると同時に責任論の原稿を渡すことができた。このようなわけで、なんとかすべての原稿を渡してあとはゲラの校正をする作業が残るのみとなった。四月の上旬に公刊し、新学期の学生諸君には講義の筆記の労を省くことができることになった。

ところで、なぜ、刑法の研究に従事している者が刑法について体系書を書くのであろうか。私もこれまでにも優れた体系書が世にたくさん行われているのに、あえてそれに今拙い一書を追加して恥をかくのはなぜなのであろうか、と執筆が遅々として進まないときには考えたものである。私の学界の友人の一人は体系書を執筆すると守りにまわり議論が消極的になるといい、体系書を早い段階で執筆することに消極的なアドバイスをしてくれた。しかし私の体験によれば自分は今四十五歳のときに体系書を書くべきであったし、書かなければならず、また今だから書くことができたのである。それが今の実感である。

なんといっても講義をする者にとっていかにして学生諸君に分かり易く議義を行うかが重要なことである。そのためには少なくとも予習・復習のために利用でき、また講義中に筆記の労をある程度省くことができる教科書が必要である。その要請を満たすためには、刑法全体を分かり易く、しかも重要な判例・学説を提示する教科書でなければならない。しかし、そうであるならば自分の教科書を用いる必要はないのであり、優れた先達の体系書を教科書として用いれば良いのである。

それはそのとおりである。私も恩師であられる西原先生の手になる刑法総論を教科書として用いて来たのである。ところがである。講義をするというのは、ある教科書を解説することではない。それは司法試験のための…という受験産業でやればよいのである。大学の講義は、刑法という分野を通して私自身を学生諸君の前にさらけ出しそこで学生諸君との緊張関係のもとに自己をいわゆるアウフヘーベンし、相互の鍛え合う場でなければならない。これが最も現れるのは大学院の講義・演習である。そのために未熟ながらも刑法の分野においても自我が成長して来るにつれて、たとえ師匠の書かれた優れた体系書といえども自分が講義するのには最適な教科書たりえなくなったのである。

つまり刑法について自我が強く意識されるようになると、一体自分は刑法というものについてどのように考えているのであろうか、ということを知りたくなるのである。刑法という鏡に自分を映して自分自身を客観化してみたいという欲求に駆られるのである。それは前著の未遂犯の研究（昭和五九年）において些かなりとも自我の萌芽が現れ、それが順調に育って来た証でもある。

このような自我の成長と学生諸君の便宜を計るということが、私に今体系書を執筆させ、またそれを可能にした理由である。

このような形で自分をさらけ出すのは勇気のいることである。形式的にみれば、ワープロに向かいキーを打つという作業を行う単調な行為の連続が、体系書を脱稿させたのである。しかし、同時にその過程で自分を見い出すというのはそれほど単調ではない。まさにそれは苦痛である。しかし、それは苦痛であったが、楽しい、むしろ快感を伴う苦痛であった。

私はこの体系書の執筆中、早稲田大学で刑法を学んでいるということを十分意識していた。齊藤金作および江家義男両博士、それに西原先生と流れて来た早稲田の刑法学の流れが、「私」にどのように流入し、そして「私」からどのように流れ出て行こうとしているか、それは刑事法研究会の諸君の判断に委ねようと考える。時間の関係もあり、また刑罰論につき十分考え抜いていないためもあり、刑罰論の部分は関係条文を引用するに終わつてしまった。幸いにも、来春には再び在外研究の途につく。自分を客観化した結果を少しの時間をおいて客観的に見つめ直したいと考えている。それから改訂に着手する予定である。今から二年後の改訂作業が楽しみでならない。それまでに会員諸君に十分なる批判をいただければ幸いである。刑事法研究会の会員諸君は私の刑法学を成長させる一端の責任を負担すべきものであると考える。

ユステティア二四号（一九九〇・四）所収

9　私の日常生活の断片

昨年九月に教務担当教務主任になっていらい、それまでと些か生活時間や思考方法が変わりつつある。自戒の意味で自己の今の生活を見てみよう。

大学教員の日常生活は、大きく分けて、研究者と教育者としての側面がある。さらに後者においては学部学生に対する教育を行うと同時に、大学院担当教員として、自己の研究室に在籍する大学院生に対する教育およびそれを通しての自己の後継者を含む研究者の養成という任務がある。さらに、教授会の構成員として学部行政にかかわる側面がある。研究者としての側面においては、自己の研究テーマを設定してその研究に従事すると同時にまたはそれと並行して依頼された原稿の執筆、学会の諸活動への参加、各種の研究会における活動などが存在する。もちろん研究活動は国内においてばかりでなく、例えば在外研究員として外国においても行われる。この領域においては全く自己の自主的な判断と選択により研究活動を進めることができる。そしてその成果が個々の論文または論文集・体系書として結実することになる。

しかし、学生諸君との関係では、とりわけ講義・演習またはサークル活動における指導を通じて教育者としての側面が前面に現れることになる。講義は刑法の解釈論を説明するという方法で行われるものであるので、一見すると蓄積された知識の単なる提示作業に過ぎないかのように見えるが、講義を準備し、また講義をしつつある過程で、また講義の終わった直後に自己の刑法学上の思索をさらに展開する事柄を思い付くことがしばしばある。これらのヒラメキを私は日記を書く際に入力している。少し溜まってきてこれをまとめてみると自己の思索を進めるうえで大変参考になる。したがって、講義も学生諸君にとっては法律的知識を受け取る場であるが、私にとっては自己の法律学的体系を検討しつつ思考を続ける機会でもある。ここに講義の楽しさがある。このような楽しさは講義ばかりではなく、演習においてもそうであるが、とりわけ研究という観点から密接な関係を持つのは大学院における講義・演習である。学部における演習においては参加者の法律的運用能力を高めることに主眼がおかれるが、大学院においては自己の研究テーマについて日ごろ考えているところを直接院生諸君に提示し、それを巡って議論を展開できるのである。これは自己の研究を進めるうえでは大変有益となる。

これらの領域は教員本来の職務であり、私には天職に就いていることを実感させるものである。しかし教員は厭な職務も行わなければならない。学生諸君にとっては隠れた部分であるが、入学試験の業務も含めて学部行政に関係する側面がこれである。会長の西原先生のように総長となり大学行政の最高責任者の立場の行動については私にも理解しがたい。私の理解の限度においてはせいぜい教務主任レベルの話である。早稲田大学は学部自治の原則に基づき運営されており、それに責任のあるのは学部教授会である。そして教授会・教員会の内部には教員の人事、入試制度の検討、カリキュラムの問題などを所管する各種の委員会が存在し、教員がそれぞれの委員会に所属しそれぞれの活動を行う。火曜日の午後は会議日であり、教授会・教員会のほかに自己の所属する委員会に出席しなければならない。さらに、私を含めて法律科目担当教員は、大学院において学部教授会に相当する法学研究科委員会およびそれに設置されている各種の委員会に出席し、また大学院の入試業務や博士学位請求論文の審査などの任務を行い、その他比較法研究所の管理委員会およびそこに設置されている各種の委員会の委員、さらには法学会の各種の業務を担当する管理委員としての仕事がある。

このほかに教務担当教務主任の仕事が加わることになる。学部教授会が議決機関であるのに対して学部長はその執行機関であり、それを補佐するものが学生担当教務主任と教務担当教務主任である。教務担当教務主任の所管事項は実に多種多様であり、学部においては入学試験や前期・学年末試験の実施、教員会・教授会の議題やそれに関する資料の事前準備、各種委員会の事務当局としての仕事、学科目編成などを行うほか、日常業務を遂行する職員から判断を求められる場合にこれを処理し、また教務主任会をはじめとして大学内に設置されている幾つかの委員会に出席する任務がある。

このような任務を的確にしかも適時に行うためには、一方で巨視的・理念的に大学教育の在り方を中心として学部・大学に存在する問題を考えることが必要であるばかりでなく、他方で微視的・技術的には関係する資料を常に整理し、全方位的にアンテナを張り巡らし自己の頭の中に小さな引き出しをたくさん作っておいて、その中に処理すべき事項を入れておき、常に処理したごとに入れ換えて行かねばならない。間口は狭いながらも奥行きの深い引き出しの中でじっくり時間をかけて刑法につき考察を進めて来たこれまでのような頭の使い方とは些か異なるように思われる。今後の課題はいかにしてこれらの仕事の手を抜くことなく、院生や会員諸君と刑法を考える時間を出来るだけ確保するかである。刑法各論の完成をまって片目の達磨が書斎で私を静かに見守り続けている。

ユステェティア二五号（一九九一・四）所収

10　学年末試験アンケートからの学生の声

今日再試験・未済試験の採点を終わり、これで学年末試験の採点を含めて今年度の採点をすべて終了した。私はこれまで講義のやり方として前期・後期集中方式の方が妥当であると考えて、実験的にこの方法で講義を行って来た年度もあり、このような方式の長所・短所を知るべく試験の答案の中で学生に前期・後期集中方式あるいは通年方式などの講義のやり方、また私の説明の仕方、さらには使用する教科書の内容に関してアンケートをお願いして来た。このようなアンケート結果を参照にして少しでも学生により良い講義を提供したいという念願からであった。

ところで、これまで卒業に要する単位は一二四単位であることをはじめ、それらの履修方法についても一般教育科目、外国語科目、専門科目、さらには保健体育科目の区別に従い、一定の履修単位数が定められていたが、ご承知のように昨年七月に大学設置基準が大綱化され、卒業に必要な単位数については規定されているものの、それをどのように学生に履修させるかについては、大学ないし学部にカリキュラム編成・教育内容についての自由が認められるようになった。そこでこれらの自由を得た代償として大学ないし学部の責任、つまり大学の自己点検、あるいは自己評価ということが問題になってきた。アメリカの大学では講義の最後に講義に対する学生からの評価が行われるという。我が国でもこのようなことを実施している大学も存在する。さらに講義を始めるさいにも年間の講義内容の計画を学生に知らせるなど、さらには教授会構成員の前で年間の講義内容の計画を説明して批判を仰ぐなどのことを行っている大学もわずかながらも存在する。これらの例が示すことは、大学の設置基準の大綱化に伴う大学の自己点検・自己評価がいわれだすまえに、大学における教育の重要性に着眼して行われているものである。このような状況を背景にしてみると私がここ数年の間試験の際にアンケートを行って来たことも自分自身の講義の改善に資するだけではなく、学生の授業に対する評価という側面でも重要な意味をもつものとなるであろう。

アンケートに対する回答の内容は種々多様であるが、総じて答案の出来がよい学生ほど講義に対する私の努力を評価してくれているように思われる。ただ私が常に自戒していることではあるが、講義に乗って来るとついつい早口になるというのは今後も自戒しなければならないことのひとつである。日ごろ質問があれば、遠慮なく教卓の上にメモをおくようにといっているものの、どうしても大講義の際には学生の声が私に伝わってこない。ただアンケートを通じてのみ学生の生の声が聞こえる。そんな訳で採点中に読み、印象に残っているアンケートを任意に紹介して、私の講義に対する学生の生の声を伝えることにしよう。アンケートを書かれた学生諸君のご了解をお願いする次第である。

☆教授には学者としての資質と先生としての資質が必要だと思います。大学の教授ともなれば学者としての知識や考え方は充分なものと思うのですが、野村先生の授業には先生としての資質があまり感じられません。つまりわかりやすさです。特に教科書に関して強く感じます。教授側としては学生に期待しているのでしょうが、刑法総論は一年生の必須科目ですし、もう少し考慮して欲しいと思うのです。

それに授業に出席する学生数を考えて欲しいです。
☆失礼なことを書きますが、教授はさほど身長の高い方ではありませんが、初めて講義を受けた際には、壇上の教授はとっても大きな存在だと感じ、「大学の勉強」とはこんなにすごいものかと思ったことが、今でも思い起こされます。
☆今年一年間、刑法というものに初めて触れてみた素直な感想を申し上げると、
〈の〉う（能）がついていけない
〈む〉ずか（難）しい刑法。
〈ら〉く（楽）して優がほしいから
〈み〉（見）かけの勉強してみたけれど
〈の〉むら（野村）説未だわからず…
〈る〉ふ（流布）する模解に頼るのみ！
（意外とこの詩を作るのに苦労しました）
一年間どうもありがとうございました。
☆一年間講義を受けて感じたのは五限であることやマイクの調子がわるいなどのハンディにもかかわらず手を抜かない熱気が感じられた。講義内容については、教科書が難しい言葉で書かれているので、講義ではもっと易しい言葉で具体例を挙げて説明してもらいたかった。
☆「二年連続で、暗記した論文が出題されない刑法総論の試験」と掛けて、

「この間食べた猛烈なにおいのするくさやの干物」

と説く。

その心は？　〈今後味わいたくない〉

「刑法総論で胃が痛む私」

と掛けて、

「蚊取線香」

と説く。

その心は？　〈可（蚊）が効くんだけど〜〉

☆この一年間先生の授業をうけて、いかに先生が研究熱心でいらっしゃるかが身にしみて良く分かりました。補講の際もあんなに長時間熱意をもって講義をして下さるため私の方も力が入りました。どうもありがとうございます。

先生の教科書は意義、要件、効果と項目が分かれていて見やすく、また参考資料についてものせてあるため、より幅広く勉強したいと思った時にも参考になりました。

☆先生の授業は私にとってはたいへん進度が早く、また内容も難しく、大変な一年でした。ただ、真剣に取り組めば、それだけ実力をつけることができるということも言え、自分でも一年間で力がついたなあと思います。先生の授業は前期集中や後期集中であった年もあると聞きましたが、やはりあの授業のレベルの高さや進度を考えますと通年がベストであると学生としては思います。一年間どうもありがとうございました。

☆先生の講義を聴講するに当たって、教科書を事前に読み、自分なりに予習等をして臨んだつもりでしたが、それが今回の試験のような結果になってしまった事は、自分でも非常に残念かつ恥ずかしく思っています。先生の授業は、事例を多く引用された、興味深い内容でありました。最後になりましたが、年賀状の御返礼頂き、誠にありがとうございました。

☆過去の出題傾向を調べ出題頻度の高かった、「間接正犯」一本に絞って勉強したところあいにく今年は出題されなかったので、やむを得ずこのような解答をさせて頂くことになりました。大変申し訳ありません。先生の温情によってたとえこの「刑法C」の単位が取れたとしても、今この瞬間の気持ちを忘れずに刑法の勉強を続けていきたいと思います。

☆高校から大学に入り、初めて法学というものを勉強しました。また、他の一般教養科目も高校の勉強とは全く異質のものであり、当初は戸惑いがありました。そんな中で法学のしかも刑法というと難しそうで、とっつきにくいものであるとの観念があり、どうなるんだろうと心配していたところ、野村先生が担当する授業を受け、分かり易く適切な授業によりすんなりと法学に接することができたことを感謝しています。ただし、刑法のテストが一年に一回というのはきついなというのが正直な気持ちです。やっぱり刑法というのは奥が深いので、せめて二回ぐらいテストがあればもう少し深く勉強できるかもしれないと考えてみたりしたのですが、いかがなものでしょうか。一年間どうもありがとうございました。

☆私は野村先生のように通説と異なった説を唱えることはとても貴重であると思う。そして、野村先生の説はとても理に適っていて、異説とは思えない。講義についても、学生の中にはよく聴こえないなど言う人がいるが、私には良く聴こえ、また理解しやすかった。これからもこの調子で頑張ってください。

☆教科書は、多少註が多く読みづらいが、構成としては各箇所に「本書の立場」としてまとめが記述してあり、分かり易い。「共同正犯」につき、共同意思主体説を否定している点は妥当ではないと考えるが、「違法性の実質」に於いて違法性の実質を法益侵害としながらも、違法性の判断に於いて二元論を採った説を私は支持する。

講義において解説が前後にとぶため自習がしづらい。本の構成を講義に合わせるか、講義を本の講義に合わせるかしたほうが、講義の予習・復習はしやすいと思う。講義と無関係に自習する分には本の構成はこのままでいいと思う。

☆まず、一年間のご指導をありがとうございましたとお礼を申し上げたい。野村教授の授業・教科書の感想を素直に述べさせていただく。授業に関しては、教授のパワフルな教え方に九〇分間飽きずに聴けたのはいいが、教室の音響が最悪で座る場所が悪いとほとんど聴こえなかった。度々話がとぶのも教授の特徴だったといえる。一番印象的だったのは正規の授業外の模擬裁判である。

あれを体験して法学部の学生としての実感が強まったと言っても過言ではない。教科書については、自分の努力不足だと思うが、ほとんど読んだだけでは理解できず、やさしめの教科書と小辞典をあわせてはじめて利用できた。大変蛇足になって恥ずかしいが、入学式に教授を見て父が教授のファンになったことを付け加えておく。

☆私は刑法を勉強して、刑法というのは哲学であるということについてよくわかるようになりました。又、法学演習で団藤刑法についても学習し、いわゆる通説についても学びましたが、野村説は通説と比較すると若々しく、新鮮な刑法理論であり、一言で言うと「スッキリ」と日本刀のような切れ味があると思った。来年も「各論」で新鮮な講義を聴かせて下さい。一年間ありがとうございました。

☆講義の最初に、先生が自分が早口である、と自覚している旨私たちにおっしゃられましたが、やはり依然として早口でおられます。直す努力をなさっていただきたいと思います。ノートをとろうにも、もう次のことに移っているのでひまがありません。また、話が次々にとぶように思われます。最終的には一貫した論理であるのですが、やはり初めて学ぶ者にとってはある程度の順序立てが必要であると思います。できれば、講義時間内に講義し終わっていただきたいと思っています。以上、文句ばかり書いてしまいましたが、一年間お世話になりました。ありがとうございました。

☆先生の講義については、始まった頃には先生は早口になるかもしれないとおっしゃっていましたが、私としては特にそのようには感じませんでした。むしろ強弱をつけて強調すべきところは強くするなどの配慮が感じられ、大変聴きやすく思いました。ただ、講義内容の割りに教科書は少々難しいと思ったのは私だけでしょうか。あるいは予備知識が無かったため理解しにくかっただけかもしれませんが。いずれにしても一年間親しみをもって刑法を学ぶことができました。ありがとうございました。

ユスティティア二六号（一九九二・四）所収

11　会長就任に際して

私は一九六四年四月、当時の早稲田大学第一法学部に入学したので、すでに早稲田との係わりは早くも三十年を超えることになった。入学後ふとしたことから、スクールバスに乗り合わせた先輩のT氏からサークルに入っているかと問われ、それを奇縁として刑事法研究会に入会したことであり、これも三十年を超えることになった。その先輩のT氏はその後西原研究室に進んだ私にとって先輩となり、現在行刑官として行刑実務に専念されている人である。

入学後は当時法学部長は齊藤金作先生であったが、病気ということで入学式の挨拶に出席されず、齊藤先生がおやりになる予定であった法学の講義は前期は大野実雄先生と後期は中村英郎先生であった。まだ西原先生は在外研究からは帰られていなくて、多分入学式の後の帰国ではなかろうか、その当時は西原先生とは面識を得るには至っていなかった。民法総論は仏といわれた高島先生、親族法は外岡先生であった。そんな訳で私は当時正門脇のいまの社会科学部校舎の中にあった法職課程教室を根城として毎日講義に出席し、当時の先輩と理解を未熟にしながらも、入学式の日に購入した団藤・刑法綱要に基づき、団藤刑法について議論を戦わせていたのが今さらのように思い起こされるのである。

二学年の時には、刑法総論は齊藤金作先生のをとり、法学演習は西原先生のをとった。刑事法研究会は当時は会員は十五名前後であり、あの地下の暗い部室でゼミをやっていた。確か西原先生が講座を一つ担当されていて、刑法講座を輪読されながら、刑法の基礎理論を講義されていたように記憶する。いまでも覚えているのは日沖憲郎教授の書かれた違法と責任の論文で、そこで違法と責任の区別に関する理論を検討したのを良く記憶している。私の体系書で違法と責任を一般人と個人で区別しているのもそのときの影響があるように思われる。当時は刑事法研究会は人数が少なくゼミも遠慮なく議論ができる良い雰囲気であった。ただ、ばかだ、間抜けだというような発言があったことも記憶している。まことに良き時代かなである。

研究会の年間予定としては現在とほぼ同じように毎週行われるゼミの外、夏には合宿をしていた。西原先生もまだ自由時間があったと見えて合宿にもお見えになり、私が特に記憶しているのでは四年度の時に山中湖で行われた合宿であった。ゼミ参加者も十名前後で私が座長となりゼミをやったのであるが、生来議論好きな私としては知らず知らずのうちに座長の役割を超えて議論に参加し、西原先生に座長であることを注意されたことを覚えている。合宿の間に富士山に登ったのも記憶に新しい。そんな訳で学生時代を通じ、また大学院入学後も講師として刑事法研究会の活動に参加し、また模擬裁判では裁判長を務めるなどこれまでの大学における生活の重要な部分を占めて来ていた。さらには西原先生が理事に就任された以後は会長代行あるいは副会長として、今日に至るまでもっぱら研究会の日常的業務の指導に携わって来た。それが入学後刑事法研究会との係わりの三十年でもあった訳である。そしてそれが私の進路にも決定的な要因となったのである。じつに刑事法研究会に入り、親しく西原先生の知己を受けるうち、次第に西原先生の指導を受けるようになり、その後大学院でもご指導を受けるようになったわけであり、それが今日まがりなりにも刑法を通じて学生諸君にいくばくかの教えを授ける立場にある所以である。それも私を刑事法研究会に勧誘してくれたT氏なる先輩との出会いであった。まことに人との出会いは奇しくも不思議で大事なものである。私の研究室に一期一会の額があるのもこのことによる。

かような訳で刑事法研究会は私にとって大切な存在であるが、去る二月十六日に亀鶴庵で行われた追い出しコンパの席上、この度西原先生が早稲田大学ヨーロッパセンター（ボン）所長として長期赴任されるのを機会に四月一日をもって西原先生から会長職を引き継ぐことになった。西原先生の定年退職までは今までどおり副会長として会の運営を補佐するのが良いと考えていたのであるが、先輩や会員諸君の希望もありあえてお引き受けすることを考えた次第である。西原先生は赴任された以後もおりに触れて日本にお帰りになるとのことであるので、その際には名誉会長としてできるだけ刑事法研究会の行事にも参加していただき、会員諸君は親しく西原先生に接していただきたいと思う。

さて、今後の刑事法研究会の運営をどうするかということであるが、さしあたってはこれまでの活動を基本とすべきであろう。人は皆いろいろな顔をもっている。早稲田大学法学部学生としての顔、それに早稲田太郎としての個人の顔、また刑事法研究会の会員としての顔、などなどである。この色々な顔の円が重なった所にその人の核心的な部分があり、それ以外の周囲にある顔の部分はその人の周縁部としてその人に膨らみと幅の広さを与えるものである。大学生である以上早稲田大学法学部学生としての顔が中心となるべきである。それに刑事法研究会の会員としての顔が重なるのであるが、その重なりの有り様は人それぞれ異なるのである。刑事法研究会はいささか恒例的日常的なことに埋没していないだろうか、壮大・雄渾な事業を企画する余地はないかとの指摘は現西原会長の言葉であるが、それをも頭の片隅に置きつつも、敢えて恒例的日常的なことに誠心埋没し、刑事法研究会の会員としての顔を磨き、いつでもその場に出れば光り輝けるように共々精進したいものである。

これからは会員諸君と刑事法研究会の運営など率直に相談して研究会での存在が会員諸君の一生にわたって重要な部分を占めるべく考えて行きたいと思う。ただ新たなる一歩を踏み出すにしてもこれまでの刑事法研究会を良く認識することが必要である。先輩の協力を得て至急刑事法研究会のこれまでの在り方をまとめてみたい。また先輩との連携もこれまで以上に密にする必要があるのではないか。それに日常的活動にしても早稲田大学法学部の枠内のみで行う必要はない。他大学との共同の活動、あるいは縁のできた博物館網走監獄などとの共同研究も考えられるであろう。いずれにしても物心両面にわたる先輩一同の心からなる支援を期待する。

ユスティティア二九号（一九九五・四）所収

12　新たな会員諸君に

どんなに寒くても、卒業式のころになると旧図書館（現高田記念学術図書館）裏の桜が咲き、確実に春の訪れを教えてくれます。そして、大学は社会に卒業生を送り出し、新たな若人を迎える。大学人にとってこの時期こそが新年の始まりである。私は、講義の際にどのような学生諸君に会えるかいつも楽しみにしている。どういうものか最初の講義のときの印象で、その年の学生諸君と気持ちがしっくり行くかどうかがわかる。今年は大変良い印象を受けた。まことにこのときの学生諸君、もちろん個々の学生諸君ではなく、学生諸君全体との出会いが一年間の講義の調子を左右するといっても過言ではない。刑事法研究会にも新たな会員が入会されたことと思うが、どのような印象を与えてくれるであろうか。

ところで、よく法学部では学生諸君は自由であり、責任を負える存在として、つまり主体的な人格的存在として扱うといわれており、これは刑事法研究会においても同じことであるが、徒に放任主義を採用しているからなのではない。実は刑法を初めとして法律そのものが、このような主体的な人格的存在としての人間を予定している。諸君がこれから学ぶ法律の主要なものに六法と呼ばれるもの、すなわち、「憲・民・刑・商・民訴・刑訴」があるが、これは日本に特別な言葉である。フランスには「五法」という言葉があり、公布年の順でいうと、民法、商法、民事訴訟法、治罪法（刑事訴訟法）、刑法の五法を意味する。明治六年に公刊された「佛蘭西法律書」の中で、箕作麟祥（一八四六―一八九七）が、憲法として考えるべき法令を、特に「憲法」とされ、我が国のためそれを加えて、「六法」とした。実に「六法」という語が、その本の「例言」の中に見えており、そこに収められている六法の順序は、まず憲法、次に民法以下、訴訟法（民事訴訟法）、商法、治罪法（刑事訴訟法）、刑法となっている。

周知のようにフランスでは、一七八九年フランス革命・王権制の廃止に伴う混乱した社会生活の規律のために、民法（一九〇四年）、刑法（一九一〇年）が制定されたのであり、いずれも個人主義的・自由主義的な性格をもち、所有権と契約の自由、罪刑法定主義、罪刑の均衡とを基調とするものであった。これは神の支配・専制君主の支配から解放された自由な存在としての人間がまさに不断の努力によって勝ち得たものであった。これに対して、日本では明治維新後の条約改正のため新たに国家組織の基本を定める必要と維新後の治安を確保する必要から、刑法の制定が重要視され、刑法の制定が準備された。そこでフランス刑法に倣って、明治一三年に刑法が制定され、明治一五年施行された。しかし、これらはあくまでも条約改正をすすめるために形式的に近代的法制度を導入しようとする意図から実現されたものであり、フランスにおけるのとは異なり、自由をもとめる国民の血を流す不断の努力によって実現されたものではなく、個人主義的・自由主義的法律は定着しなかった。明治一五年に法律は施行されたが、施行直後からその自由主義的性格の故に改正の論議が起こり、また明治二三年民法は公布されたが、施行されなかったことがこのことを示している。その後法制度が確立されてくるが、真に個人主義的・自由主義的法律が定着するのは、戦後の新憲法のもとである。そして、諸君はこの憲法のもとで教育を受け、人格を形成してきたわけである。

しかし、諸君は、ちょうど人間形成の途上にあり、しかも可塑性に富んでいる。その大事な時期に刑事法研究会の会員として少なくとも四年間を過ごすわけだが、その間には数々の人や事柄との出会いがあると思う。良き友人、一生を託せる恋人、また親しく相談に乗ってもらえる恩師、嬉しい出来事、悲しい出来事など色々あるだろう。これらはそれぞれの意味をもって諸君に巡ってきたのだから、それを率直に受け止めて自己の発展の為に役立てていただきたい。ただ、これらの中には注意深く見ないとその出会いの意味が理解できないもの、あるいは出会いそのものに気付かないものがある。よく引用されるが、「花をのみ待つらむ人に山里の雪間の草の春を見せばや（家隆・新古今和歌集）」、という歌がある。色々な解釈が可能であると思うが、華やかな春に咲く花ばかりを楽しみにしている都人は、すでにいまだ溶けずに残っている山里の小道の縁の雪の間に草が萌えいでて、すでに春の来るのを告げていることに気がつかない。外面的なことにばかりこだわっていると本当の出会いには気がつかずに終わってしまう。「常に精神を研ぎ澄ましていること」が大事なのである。

人は人や事柄との出会いを通じて変わるものであり、また変わらねばならない。いつまでも昨日の自分に執着していては発展はなく、昨日の自分は今日の自分ではないのである。しかし、それは変わりつつも過去を捨てるのではなく、もはや今の自分ではない過去の自分を、常に今の自分の底に沈ませていくことなのである。このような主体的な自己変革を通して、さまざまな層を重ねて人生・人格が形成されて行く。つまり、よく言われるように、また私の好きな言葉のひとつであるが、「過去を忘却し保持する」（ゲーテ）ことが重要なのである。このことが人生、人格の多層性、多様性、からみあったひだのよって来る理由である。このことを良く記憶に留どめておいていただきたい。そして、主体的な自己変革をするためには、いつも自己を見つめる・批判する自分と見つめられる・批判される自己とが存在しなければならない。そして、その繰り返しが人生であり、人格の発展過程なのである。そのためには常に自立的人格の主体である自分が存在するという事実を意識していなくてはならない。このような「自分」が刑法、もっと広く法律学の世界においても基点となっている。

最後に、私が学生時代に故齊藤金作教授から聞いた、高邁なる精神、豊かなる情操、精緻なる論理の言葉と、それに私の好きな、そして会長としての私も常に生成途上にあるという意味で、ＷＥＲＤＥＮＤという言葉を新会員諸君に贈り、入会を歓迎したい。

ユステェティア三〇号（一九九六・四）所収

13　学生による学生のための自己評価

周知のように、進学率の高まり（平成八年度の進学率は大学・短大併せて四六・二パーセント）や学生の多様化、学術研究の高度化・学際化・国際化、人材養成需要の変化およびいわゆる生涯学習の機会に対する要望の増加などの必要性から最近の大学改革が進行しつつあるのは早稲田大学においても同じである。具体的には大学審議会（昭和六二年設置）の、高等教育の個性化・教育研究の高度化・組織運営の活性化などの提言を受けて、例えば、平成三年に大学設置基準が改正され、各大学が自主的にカリキュラムを設置できるようになった。すなわち、改正以前には、カリキュラムは一般養育科目しかも人文・社会・自然の三分野にわたり三六単位、外国語八単位、保健体育四単位および専門教育科目七六単位の合計一二四単位履修しなければ卒業できないこととされていたが、改正により、卒業単位は一二四単位以上との制約は残ったものの、専門教育科目と一般教育科目の区別がなくなり、各大学が自由にカリキュラムを設定できることになった。すでに約八割の大学がカリキュラムの見直し・改革を行っている。法学部においても保健体育科目を他学部にさきがけて選択科目とし、引き続き法律コース・国際関係コース・法政策コースを設けてそれぞれにふさわしい科目を設置している。

他方で、このような自由化の代償として文部省が求めたのは、各大学による自己点検・自己評価であった。平成七年度で約八割の大学がこれを実施し、また授業の質を高めるための方策、例えばいわゆるシラバスを作成・配布し、少人数授業の実施や学生による授業評価の実施、さらには教員による授業内容・方法の改善のための組織的取り組み、いわゆるファカルティ・ディベロップメントが行われている。このような取り組みは、例えば、文部省への報告などにより把握されると同時に、文部省に設置されている視学委員制度や大学基準協会による評価により批判的に把握される。前者の視学委員制度は例えば、法学・政治学視学委員は、毎年幾つかの法学部・政治学部を視察し、大学の現状につき大学提出の書類や視察の際の大学関係者の説明、さらには視察結果を踏まえて大学人同志の立場で大学をより良く発展させるために勧告や助言を行うものであり、また後者の大学基準協会は基準協会に入会を認められた大学により構成されるものであるが、そこでは会員として入会を認めるための判定委員会の評価や入会した後の相互評価委員会による評価などにより、各大学の努力の成果が評価される。このような視学委員や大学基準協会における仕事に携わっている若干の経験によれば、各大学の努力には敬服すべきものがある。

しかし、これら努力する大学が提供する授業内容を学生諸君がどれだけ真面目に受け止めているであろうか。まことに心もとない感じがするのは自分一人であろうか。今年はこれまで一〇年間に出題していない問題を考え、しかも若干出題形式を変更した。すると約六〇パーセント近い学生に不可を付けざるを得なかった。「勉強不足のため覚えてきたことを書きます」や、また「出題の三問のみを予想からはずし他をやった自らの運のなさです」という答案は、果たして法学部の学生として真摯に法律を学ぶ者の言うべきことであろうか。最近は不幸なことに平易な書物が多数ある。しかし、法律を勉強し法的な思考力を養うには是非とも定評のある体系書を読んでもらいたい。自分のころは幸いというべきか易しい解説書はほとんどなかった。刑法で言えば、団藤・刑法綱要総論に取り組んだものである。これを読み進むごとに目を開かれたものである。とくに刑法を勉強することは自己を見つめることでもある。授業を受ける学生諸君の努力なくして良い授業は成り立たない。大学を良くするのは大学の努力はもとより必要であるが、さらに多くは学生諸君の自覚にかかっている。学生による学生のための厳しい自己評価を切望する次第である。

ユスティティア三一号（一九九七・四）所収

14　名誉会長西原春夫先生の古稀に想う

刑事法研究会の名誉会長であられる西原春夫先生は、本年三月一三日にめでたく古稀を迎えられた。これを祝して、三月二一日にリーガロイヤルホテル早稲田において、古稀記念祝賀論文集の献呈式と併せて祝賀会が行われた。当日は、ドイツ語版の編集責任者であるマックス・プランク外国・国際刑法研究所（ドイツ・フライブルク市）の所長アルビン・エーザー教授夫妻、同じく中国語版の編集責任者である高銘暄中国人民大学教授（中国法学会副会長・刑法学研究会総幹事）夫妻、奥島孝康早稲田大学総長、平野龍一東京大学元学長・同大学名誉教授（元日本刑法学会理事長）、松尾浩也東京大学名誉教授・上智大学教授（元日本刑法学会理事長）、田宮裕立教大学教授（元日本刑法学会理事長）、および執筆者を中心とする刑法学会・実務界関係者など一二〇余名の参加を得た。

祝賀論文集は全五巻五冊で、日本語による論文八五本、ドイツ語によるそれが三〇本（ドイツ・ポーランド・台湾・韓国の研究者）および中国語によるもの一三本の合わせて一二八本である。これらはいずれも日本、ドイツ、ポーランド、台湾、韓国および中国の刑法、刑事訴訟法および刑事政策の分野における今日における到達水準を示すものである、刑事法の研究に従事し、または今後志す者にとってこの祝賀論文集は必須の文献となるであろう。このように刑法学界にとり空前絶後とも言うべき論文集が完成し、そして、貴重な学問的共通財産を得た背景には、西原先生の幅の広い学術研究活動が存在したのである。そして、論文集を生み出した直接の契機は西原先生の古稀であった。まさに西原先生の古稀の最大の意味はこの点にあったと言えよう。

周知のように、先生は初めてのモノグラフィーである『間接正犯の理論』（一九六二年）により日本刑法学会賞を授与されるとともに法学博士（早稲田大学・一九六二年）の学位を取得された。その後『交通事故と信頼の原則』（一九六九年）や『交通事故と過失の認定』（一九七五年）などにより実務に多大の貢献をされ、これらの研究業績を踏まえて、先生は、一九六八年の『刑法総論』（法学基本問題双書）を経て、一九七四年の『犯罪各論』および一九七七年の『刑法総論』により刑法体系の全容を明らかにされた。先生はこのように研究・教育に専念する一方で、国際的学術交流にも多大なる関心を示され、とくに総長時代には日中刑事法学術討論会の開催に尽力され、一九九九年には第六回の討論会が予定されているほど継続的に討論会を通じて日中の友好に尽くされ、またアルビン・エーザー教授と共同してドイツ・東アジア比較刑法コロキウム、またポツナン大学シュヴァルツ教授らと日本・ポーランド・ドイツ刑法コロキウムを主催されるなど国際的学術交流に多くの足跡を残された。このような先生の学術研究活動およびその業績に刺激され、これを糧として研究や実務に携わっている学界および実務の関係者のみならず、広く海外の研究者からも貴重なる論稿が寄せられたのである。

人生七十古来稀（杜甫）と言われる。寿命の延びた昨今では生物学的な七十歳は稀ではないが、やはり学界に貴重なる学問的財産を残す従心は稀であろう。先生はこれからも道無限の境地で歩まれるであろう。今後のご健勝を会員諸君と共に祈念する次第である。

ユステティア三二号（一九九八・四）所収

15　弁護士のある一面―提携弁護士

「懲戒請求された弁護士自殺」という見出しで、多重債務者に債務整理を持ちかけて手数料を稼ぐいわゆる紹介屋又は整理屋と提携し（非弁提携）、債務整理の依頼者から預かった返済資金を着服した（業務上横領）ことを理由に東京弁護士会より懲戒請求されていた弁護士が自殺をしたという大変ショッキングな記事（一九九九年四月六日読売新聞朝刊）を記憶している会員諸君も多いと思われる。同記事によれば、東京弁護士会では、一九九八年一一月、懲戒処分前の弁護士の氏名公表を行うことにしたが、このような事態に対して、「被害者のためには何としても生き抜いて被害を償って欲しかった。今後とも業者と提携した弁護士による被害の発生防止のため全力をあげて取り組む」（東京弁護士会会長のコメント）とのことである。弁護士が懲戒処分された場合には、新聞でも報道されるが、その処分の種類と処分理由の要旨が日弁連の機関誌である「自由と正義」に公告されるので、国民は弁護士の懲戒処分につき知ることができる。これに対して東京弁護士会は懲戒処分前の氏名の公表という大胆な決断を行ったわけであり、そこに提携弁護士（特定弁護士）の問題の深刻さがあるといえる。

最近でも第一東京弁護士会の元副会長が非弁提携の疑いで懲戒請求されていることが明らかにされ（一九九九年四月九日読売新聞朝刊）、東京弁護士会が懲戒処分を行った弁護士の五人のうち二人が非弁提携が理由であり、そのうち一人は除名処分であり（一九九九年三月一三日読売新聞朝刊）、同じく懲戒処分された四人の弁護士のうち一人が非弁護提携がその理由であった（一九九九年四月一三日読売新聞朝刊）。さらに東京弁護士会所属の弁護士が弁護士資格のない首都圏損害保険・交通事故被害者救済センターの実質的経営者から紹介を受け、交通死亡事故の遺族の保険金請求手続きの代理人を引き受けた非弁提携の理由で起訴されている（一九九九年六月二三日読売新聞朝刊、もっとも多重債務整理についても非弁提携で東京弁護士会から告発されている〈一九九九年六月一一日読売新聞朝刊〉）。千葉県内の弁護士に多重債務者の救済を名目とする非弁提携勧誘の手紙が送られてきていることである（一九九八年六月三〇日読売新聞朝刊）。提携弁護士の数は、東京三会所属の弁護士を中心として全国で一〇〇人以上存在し、年々増加しているといわれている（宇都宮健児・日弁連消費者問題ニュース六四号四頁。なお、その実態の一端について、週刊読売一九九九年三月一四日号三二頁以下、三月二一日号三六頁以下、四月一日号一八二頁参照）。

ところで、弁護士法は、非弁護士の法律事務の取扱等を禁止し（弁七二条、罰則は七七条）、弁護士が、弁第七二条乃至第七四条の規定に違反する者から事件の周旋を受け、又はこれらの者に自己の名義を利用させることを禁止している（非弁護士との提携の禁止・弁二七条・罰則は弁七七条〈二年以下の懲役又は一〇〇万円以下の罰金〉）。したがって提携弁護士はこれらの弁護士法上の規定に触れるので、刑事罰が科せられるか、あるいは懲戒処分の対象になる。各単位弁護士会は、その所属する弁護士に懲戒事由があると認める場合には、弁護士自治の原則から懲戒処分をすることが認められている（弁五六条）。懲戒事由には、①弁護士法違反、②会則違反、③所属弁護士会の秩序、信用の侵害、④品位を失うべき非行がある（弁五六条一項）。懲戒処分は軽いものから、①戒告、②二年以内の業務停止、③退会命令、④除名の四種類がある（弁五七条）。そして、何人も弁護士について懲戒事由があると思料するときは当該弁護士の所属する弁護士会に懲戒の請求ができ（弁五八条一項）、弁護士会は、その所属の弁護士について懲戒の請求があったとき、または懲戒事由があると思料するときは、綱紀委員会に調査をさせなければならず、綱紀委員会が弁護士を懲戒することを相当と認めたときには、懲戒委員会に審査を求めなければならないのである（弁五八条二、三項）。懲戒処分は、当該弁護士の所属弁護士会が懲戒委員会の議決に基づいて行う（弁五六条二項）。懲戒処分の件数は一九八八年は一〇件台であるが、一九八九—一九九四年は二〇件台となり、一九九五年は三九件、一九九七年は三八件、一九九八年は三〇件台後半に至るとのことである（一九九九年一月一八日読売新聞朝刊）。同記事によれば「預かり金の着服など古典的なものに加え、最近は債務整理など、弁護士資格のない業者と提携する『非弁提携』などの事案が増えてきた」と日弁連の担当役員により分析されている。

このような状況下、一九九四年一一月二九日の衆議院法務委員会で「法曹界の綱紀粛正」をテーマとして集中審議が行われた（一九九四年一一月三〇日朝日新聞朝刊）。その法務委員会で、参考人として、日弁連事務総長が、①新任弁護士に研修を義務づけるなど弁護士倫理の徹底化を図る、②弁護士会に苦情処理窓口を設置して弁護士の非行の再発防止に取り組む、③懲戒事件につき一年以内に結論を出すよう審理を促進するなどの方針を明示した。さらに一九九五年二月二〇日に日本弁護士連合会綱紀委員会の「今後の綱紀粛正方策について」と題する答申が出されている。そこでは、①執務体制の明瞭化—法律事務所職員の届出制、②苦情処理体制の整備—弁護士業務に関する市民相談窓口の設置、③業務会計の明瞭化—預かり金の保管方法等、④継続教育体制の強化—研修受講努力義務などにつき具体策が提言されている。また他方で、東京三会の弁護士会は、多重債務者の相談に応じるために弁護士会四谷法律相談センターを開設し（一九九八年八月三一日読売新聞夕刊）、全国銀行協会連合会も多重債務者に対してカウンセリング・サービスを開始し（一九九八年三月一七日読売新聞朝刊）、また多重債務者を救済する新たな調停制度の創設も検討されている（一九九九年三月六日朝日新聞夕刊）。

このように提携弁護士の問題については多重債務者の救済の側面や弁護士に対する指導・制裁という両面で対策が講じられつつあるが、結局は「基本的人権の擁護」と「社会正義の実現」を使命とする（弁一条）弁護士自身が常に、法律事務処理の背景となる「深い教養の保持と高い品性の陶や」に努めること（弁二条）が肝心であり、そのための人間教育が法曹養成に際して必要とされるであろう。最近にわかに現実味を帯びてきたロースクール構想（一九九九年五月八日読売新聞朝刊）においてもこのことは決して忘れてはならないことである。法曹を目指す会員諸君も大いに人間を磨いてもらいたいものである。

ユスティティア三三号（一九九九・一〇）所収

16　大学評価について

最近筆者は大学基準協会主催の大学評価セミナー（札幌）に参加し、判定委員会における評価の実情を報告し、質疑討論をすると同時に実際に大学評価（判定評価・相互評価）を受けた大学関係者の生の声に接する機会を得た。各大学が真摯に大学評価に取り組んでいることを知り、大学評価が確実に根付いていることを認識した。

諸君も周知の通り、一九九一年二月の大学審議会の答申を契機として改正された大学設置基準は、カリキュラムなどについて大学に大幅な自主性を認めると同時にその見返りとして自己点検・評価を努力義務とした。その後自己点検・評価は国立・公立・私立大学を通じて九〇パーセント近い大学が実施する状況になり、一九九八年十月の大学審議会答申は大学の自己点検・評価を法的義務に高め、学外者による自己点検・評価の検証を努力義務とし、併せて第三者機関による評価の導入を提言した。このような流れを受けて早稲田大学でも、遅ればせながら大学点検・評価委員会が一九九九年十一月に設置され、二〇〇二年三月までに第三者評価を経たうえで最終的な大学点検・評価報告書が作成・公表されることになった。

ところで大学評価はその評価主体から見ると、自己点検・評価、外部評価、第三者機関による評価があるが、早稲田大学が行おうとしているのは外部評価である。大学の自己点検・評価はそれぞれの大学が教育研究活動を一層充実発展させるために自主的に行うものであり、外部評価は自己点検・評価に客観性を付与するために第三者による検証を行うものである。いずれにしても大学の自主性に基づいて行われる点に共通性がある。大学基準協会による評価も外部評価と位置づけられるであろう。これに対して第三者機関による評価はまさに第三者機関が率先して行うものであり、その評価結果は研究費・学生・教員の定員の配分や機関の改組などの資源配分の参考に供されるものである。これは大学から見れば評価されるという関係に立つものである。国立学校設置法の改正により設置された大学評価・学位授与機構が行う大学評価はまさにこれである。当面は国立大学を対象とするものであるが希望によれば私立大学も評価の対象となると聞き及ぶ。そうであるなら、大学は否応もなく教育研究活動を充実するために、さらに言うならば生き残りをかけて大学の外部評価に取り組まざるを得ない。

大学評価に際しては、例えば大学の理念・目的について一般的に言えば、大学の理念・目的として適切か、現代の時代状況に適応しているか、その目指す大学像は研究大学もしくは教育大学または地域型大学もしくは全国型大学か、大学の理念・目的を実現するために教育研究組織が適切に組織されているか、大学の理念・目的からどのような人材を社会に送り出すのかが明示されているか、各学部の人材養成の目標と大学の理念・目的との関係などが問題とされよう。しかしとくに学生諸君との関係では、いかに学生に付加価値をつけて社会に送り出すかが問われなければならない。そのためには授業のより一層の充実が重要である。学生自治会が行っている講義評価もそれなりに意義があるが、問題はアンケートに答える学生の少なさである。やはり組織的に大規模に実施する必要があろう。講義は教員の努力だけでは良くならない。学生の真摯なる協力も必要である。その意味で多数の学生諸君の真摯なる講義評価への取り組みが望まれる。

ユスティティア三四号（二〇〇〇・八）所収

17　法科大学院構想について

二〇〇〇年度の司法試験の結果は、出願数は三六、二〇三名、受験者数は三一、七二九名、最終合格者数九九四名（一九九九年度は一、〇〇〇名）であり、受験者に対する合格率は三・一三パーセントであった。合格者の平均受験期間は、五・五九年、平均年齢は二六・五五歳、二四歳以下の若年層の合格者数は三六一名、全合格者数の三六・三パーセントである。また大学生（出願時在学生および卒業見込みの者）の合格者数は三一一名、全合格者数の三一・三パーセントである。全合格者数の内、男性は七二四名（七二・八パーセント）、女性は二八七名（二八・七パーセント）である。これが数字から見た司法試験の現状である。そして筆者は初めて論文の採点と口述試験を経験したが、論文の内容についてキラリと光る答案はそう多くはなかった。また口述試験においても鋭い答えは期待していたより少なかった。

そこで一発勝負的試験で決まる法曹養成ではなく、言わば熟成型の法曹養成が要請されることになった。現行の法学部での講義や演習の対象者は必ずしも法曹を目指す者ばかりでなく、企業や官公庁に就職する学生の方が多数である。したがって現在の学部では法曹養成に特化した教育は不可能である。さらに社会に対する認識も多くなく、人間形成もまだ不十分である十八歳の学生から法律を教え、またこれらの学生が司法試験予備校に通い法律知識のみを詰め込んで司法試験に合格しても果たして優れた法曹になりうるかどうか疑問である。学部における法律に限らず幅広く十分なる教育の下、人間および社会に対する深い洞察力を持った者を対象にして特化した法曹養成の過程を経て、しかもその過程での成果を判定しつつ熟成型の法曹養成のため、司法制度改革審議会において法科大学院が構想されることになり、その輪郭が明らかになった。

二〇〇一年五月二二日読売新聞朝刊によれば、法科大学院は三年コースを原則とし（法学の既習者には二年コースも可能）、そこで基礎科目（一年次）、基幹科目（二年次）、展開科目（三年次）と法律教育を受けて修了すれば新司法試験の受験資格が付与される。そして新司法試験は法科大学院における教育が十分身についたかどうかを見るものであり、法科大学院修了者の七〇～八〇パーセントが合格できるものと考えられている。このように法科大学院での教育、新司法試験、その後の司法修習という過程を経て優れた法曹を養成しようとするものである。二〇〇四年には法科大学院を設置し、現行司法試験による合格者を一五〇〇名とし、二〇〇五年には新司法試験を発足させ、二〇〇六年には現行司法試験による合格者は を六〇〇名に減らし、二〇〇九年にはこれを廃止し、他方で二〇一〇年には新司法試験による合格者は三〇〇〇名が目標とされている。したがって先の合格率を前提にすれば二〇一〇年においては法科大学院の一年次の院生は四〇〇〇名が想定されている。これによれば法科大学院における法学教育が身についたと判断されることが法曹資格の内容であるから、その内容と質が問題であり、またそれを評価する第三者機関が重要である。二〇〇二年の初頭には設置基準が策定され、また法科大学院でのカリキュラムについても検討されていると聞き及んでいる。早稲田大学においても二〇〇四年設置に向けて検討されている。塩川財務大臣も法科大学院設置などに財政的支援を行うことを明言している（二〇〇一年五月二一日読売新聞夕刊)。会員諸君においても是非関心を持っていただきたい問題である。

ユスティティア三五号(二〇〇一・一二)所収

18　国民の司法参加に一言二言思う

司法制度審議会の報告書によれば、刑事裁判に裁判員制度を導入することが提言されている。無作為で抽出された一般国民が裁判官と一緒に裁判をするというのである。民主主義の精神からも司法を国民に広く開くことは妥当な方向であると思う。しかし、その趣旨が真に活かされるかどうかはひとえに関係者の真摯なる努力によるものであろう。とりわけ裁判員として参加することになる一般国民の努力が必要とされよう。筆者は、外部委員の学識経験者の一人として弁護士会の懲戒委員をしているが、懲戒事由に関係する法律関係は必ずしも刑事事件のみではなく複雑な民事・商事の事件が多く、最初のころは懲戒事由との関係で事実・法律上の争点を頭に置きつつ、渡された記録を読むのに大変苦労した経験がある。裁判員にもこれにまさる努力が必要とされる訳であるが、もとよりこれを支える仕組みを考慮する必要があろう。さらに司法関係者としてはまず裁判官にかなりの負担がかかって来るように思われるが、真に努力を必要とされるのは検察官ではなかろうか。それは検察官が刑事裁判においてはいわば脚本家としての役割を担っているからである。

裁判員制度導入のメリットの一つとして刑事裁判への健全な世論・市民の意見の反映が挙げられるが、具体的な個々の刑事事件に対する時々の世論は常に安定しかつ健全であろうか。それを考慮することには慎重さが必要と思われる。例えば、東名高速道路追突死傷事故の高裁判決（東京高判平成一三・一・一二判時一七三八号三七頁）では、重く処罰すべきであるとの世論に対して公平の観点から従来の量刑に従いつつ、立法論の指摘をした（これを主な契機として危険運転致死傷罪（刑法二〇八条の二）が立法化された）。他方で、新潟少女監禁事件判決においては、検察官が、重く処罰すべきであるとの世論を考慮して通常は不起訴とされている少額の窃盗事案を追起訴した結果、併合罪加重により懲役一四年の刑が言い渡された（新潟地判平成一四・一・二二読売新聞二〇〇二年一月二三日朝刊）。刑法二二〇条が予想していなかった事案であったとしても、罪刑法定主義の観点からはこのような処置が妥当であるか問題とされよう。

裁判員制度の対象となる事件は重大事件になることが予定されているので、当然連日開廷が必要となってくる。しかも開廷日が変更できないことを前提にすると、緻密な立証計画を立て、しかも十分な準備をして法廷に臨むべきであろう。一つまたは複数の事件の専任担当制、または予備の担当制などが必要であり、そのためには検察官の増員が避けて通れない。もとより弁護士についても連日開廷に対応できる態勢作りが必要であろう。

刑事司法において使用される用語および文章は日本語であるが法律家でない者にはある意味で外国語のように感じる。例えば、公訴事実は一般に一つの文章で表現されており、しかも、そのためそれが複数の接続詞で結ばれている。また用語も堅すぎる。簡単な殺人の事案などでも死因の記載（例えば、脳挫傷）などになじみにくい用語がある。さらに、例えば、昨年の模擬裁判で問題となったように、配偶者が自己の子供に対する夫の暴力を放置したことにより死亡した場合、それを不作為の傷害致死罪の正犯として起訴する場合とその幇助として起訴する場合では自ら訴因の記載が異なるが、その辺のニュアンスの相違が一般国民には理解しにくいのではないか。訴因の記載は正確性が必要とされるが、それを害しない範囲で短い文章で分かりやすく記載する必要がある。例えば、「脳挫傷により」は「脳組織に損害を加えて」というように。とくに刑法は本来行為規範として機能すべきものであるが、平成七年の平易化にもかかわらず依然として理解が必ずしも容易ではない。また証取法や税法などは複雑で分かりにくい。それに加えて刑事法を解釈適用する刑法学も難解である。大学で一年生に刑法を講義する際には、条文の構造、用語・法一般の説明、刑事司法制度の仕組み、刑法の基礎的説明などを前提として行っているが、裁判員にも、これらに裁判員の役割の説明を加えたものを内容とする簡単なパンフレットを司法研修所で作成し、事前に配布し、その上で各裁判所（受訴裁判所以外の裁判官）で一日ないし二日の研修を行うことが望まれる。

　刑事司法が国民にとって親しみのあるものとなるためには、刑事司法に携わる機関が積極的に広報活動を行う必要がある。もちろん裁判員制度が導入されるに従ってそうなるであろうが。それには遅くても高校まで（ほとんど高校に進学する状況上）の教育において刑事司法制度を中心とした授業を行う必要もある。何よりも国民に刑事司法制度を支えているという意識を涵養することが必要である。

　現在でもその有罪率を考慮すると確実に有罪とされる事件が精選されて起訴されているように思われる。しかし、裁判員に対する心証形成作用の困難さからより一層精選化が進むのではないだろうか。そうであるとすれば有罪とされるべきであった事件が落ちてしまう恐れがないとはいえない。過度の精選化は妥当ではない。起訴が事実上の第一審判決となる運用は避けるべきであろう。

高い法律的識見はもとより、清廉・公正な人格的素養を持ち、長い職業裁判官制度の伝統の中で育まれた裁判という仕事に誇りを抱いている職業裁判官による刑事裁判に対して、国民は高度の信頼を共有して来た。さらにこれに何を付け加えることができるか、刑事法研究会の諸君にも考えてもらいたい。

ユスティティア三六号（二〇〇二・八）所収

19　弁護士の公益活動の義務化について

弁護士は、その職務上、「基本的人権の擁護」および「社会正義の実現」（弁護士法一条一項）を使命とし、その使命を自覚しつつその達成に努め（弁護士倫理一条）、「社会秩序の維持及び法律制度の改善に努力」（弁護士法一条二項）すべき義務を負ってる。他方で、国民は裁判所における裁判を受ける権利（憲法三二条、三七条一項）を持ち、弁護人依頼権（憲法三七条三項）が保障されている。したがって、弁護士が、その使命を果たし、これらの重要な権利を十全ならしめるために国選弁護人としての活動をはじめ、クレサラなどの法律相談業務、綱紀委員会・懲戒委員会委員などの弁護士会の委員会活動、司法試験考査委員や法科大学院の教員としての活動などの公益活動をすべきであることに疑いはない。また、司法改革審議会は、「弁護士の公益活動について、弁護士制度を含む司法制度全体及びこれに関連する諸制度の在り方などの検討を踏まえつつ、その具体的内容やその規範的な意義を明確にした上で、公益活動を弁護士の義務として位置付けるべきである。また、その活動内容については、透明性を確保し、国民に対する説明責任を果たすべきである」（司法改革審議会意見書七九頁）と提言する。もとより、公益活動を支えるために、公的費用で被疑者段階から被告人段階まで一貫した弁護を行う公的弁護制度を運営し、また法律過疎地域における弁護士へのアクセスの確保などを独立行政法人により行う（読売新聞二〇〇三年一月三日朝刊）ことなどが必要であることは言うまでもない。

これらの公益活動は本来弁護士の自覚的な発意により行われるべきものであるが、例えば、国選弁護や当番弁護の受任状況にも著しい不均衡があり、とくに被疑者国選弁護制度の導入を考慮した場合には弁護士の自覚に委ねていたのでは十分とは言えない。他方で、最近も、弁護士が現金残高を圧縮した虚偽の決算報告書を示し債務の支払いを免れたとして詐欺容疑で逮捕され（読売新聞二〇〇二年十二月五日朝刊）、額面二十数億円の盗難手形の買い戻しを被害者に持ちかけていた弁護士が盗品等有償処分あっせん容疑で逮捕され（読売新聞二〇〇三年三月五日夕刊、同六日朝刊）ており、また懲戒処分事件数も、日弁連新聞によれば、九七年三八件、九八年四三件、九九年五二件、〇〇年四一件、〇一年六一件と増加傾向を示している。

そこで、第二東京弁護士会ではすでに一九九二年に会員弁護士について委員会の委員としての活動や国選弁護士や当番弁護士としての活動等の公益活動を毎年少なくとも一つを行うことを努力義務として規定し（「会員の公益活動等に関する会規（平成四年・会規第三号）」）、会員に励行していたところであるが、近時国選・当番弁護の運用が逼迫した状況になり、常議員会で国選・当番弁護の義務化が議決され（「公益活動の義務化案について（趣旨説明）」）、それを実現するために会則などの改正案が検討されている。

会規第三号の改正条項の要点は、まず公益活動を、①国選・当番弁護士および国選付添人としての活動ならびに法律扶助事件に関する活動および法律相談の担当者としての活動（市民に提供する基礎的な法律事務・会規第三号改正条項二条一項）、②本会などの委員としての活動（特定の委員会活動・同二項）、③法令により官公署が委嘱した事項に関する活動等（特定のその他の公益活動・同三項）に分類・規定し、次いで、④国選、当番、扶助事件、クレサラ事件の受任を年間一件以上行うことを義務化し（同三条一項）、⑤受任に至らない当番弁護士としての活動およびクレサラ事件における相談者としての活動ならびに②、③の活動（その他の公益活動）を三十時間以上行った場合には、④の義務を履行したものとみなし（同五条）、⑥三十時間の公益活動が不足する場合には公益活動負担金（四千円に不足時間数を乗じた金額）の納付をもって不足時間の活動に代えることができるとし（同六条）、⑦会員弁護士が正当な事由がないのに④の義務を免れ、または公益負担金を納付せず⑤と見なされない場合、会長は④の義務の履行または公益活動負担金の納付を勧告することができ（同八条一項）、⑧この「勧告に従わない場合は、本会は、当該弁護士会員…を懲戒することができる」（同八条三項）と定める。この場合「勧告違反」が懲戒事由になるかのようであるが、会規違反も会則違反として懲戒事由になりうる（弁護士法五六条一項）のに「勧告に従わない場合」との文言を規定したのは、公益活動を義務化するとしても、その義務の性質からしてその履行はまず本来弁護士の自発性に委ねるべきものであることから、会長の勧告により弁護士に励行を促し、それにもかかわらず履行・納付しない場合に懲戒するものと考えるべきであるので、履行または納付しないことが懲戒事由であり、会長の勧告はいわば訴訟条件のようなものと理解すべきであろう。

これは弁護士の公益活動を義務化するに当たって、公益活動を義務的公益活動（市民に提供する基礎的な法律事務）および裁量的・代替的公益活動（②および③の公益活動）に分類し、義務的公益活動を年間一件行うことを原則とし、それをしない場合には裁量的・代替的公益活動を年間三十時間以上行うことまたは公益活動負担金を納付することにし、これらの義務を履行しない場合または公益活動負担金納付しない場合には、会長がこの履行をまたは納付を勧告し、それに従わないときは懲戒できるとするものである。
公益活動を行うか、十二万円の公益活動負担金を支払うか、さもなくんば懲戒か、ということであるが、願わくば積極的に公益活動を行って（汗をかいて）もらいたいものである。さて会員諸君はいかに考えることであろうか。

ユステティア三七号（二〇〇三・八）所収

20　法科大学院の授業の開始を目前にして思う

早稲田大学法科大学院においては、その設置認可後、書類選考及び面接選考、そして既修者認定試験が行われ、いよいよ四月五日（月）より授業が開始される運びとなった。その定員は、東京大学及び中央大学の法科大学院の定員と同じく定員三〇〇名であり、これまでの司法試験合格実績（二〇〇三年度最終合格者一、一七〇名中早稲田出身者の合格者数は一七四名で十四・九％を占める。ちなみに、東京大学、早稲田大学、慶應義塾大学、京都大学及び中央大学の上位五校全体で七一八名六一・四％の合格者を輩出している）からしても多数の優秀な法曹を育成することが期待されている。そして二年後には既修者の卒業生が新司法試験を受験することになり、三年後には完成年度を迎える。

各法科大学院（六六校）はその設置の理念・目的を実現すべく努力し、それは認証評価機関により適格認定を義務的に受けるということで、法科大学院の質の保障が図られることになっている。そこではプロセスとしての優れた法曹育成教育を行うことにより多数の優秀な法曹を養成し、法曹人口を増やすことにより事後規制時代に相応しい法曹へのアクセスを国民に保障しようとするものである。そこで目指される法曹像は、いわゆる連携法によれば、「高度の専門的な法律知識、幅広い教養、国際的な素養、豊かな人間性及び職業倫理」（二条）を備えていることである。法科大学院は法曹教育の中核的教育機関として、「将来の法曹としての実務に必要な学識及びその応用能力（弁論の能力を含む）並びに法律に関する実務の基礎的素養」を涵養することが目標とされている。法科大学院の質の保障のためには厳格な自己点検・評価を基にした認証評価機関による適切な第三者評価が要請される。仄聞するところによれば、大学評価・学位授与機構、大学基準協会及び法務研究財団が認証評価機関として名乗りを挙げるべくその準備に専念している。また大学教員の市場流通が活発に行われ、優秀な教授を引き抜くために仁義なき戦いが行われたとも伝えられている。これは今後とも続くと言えよう。そしてなによりも授業は、学生が予め十分な予習をすることを前提に双方向的あるいは多方向的で、かつ、少人数で行われる密度の高いものが要求されている。そのためには詳細なシラバスを作成し、学生に予め学習の項目を提示し、成績評価についても一回的な試験による評価だけではなく、授業参加などのプロセスとしての成績評価を、しかも当然の事ながら公正かつ厳格に行うことが予定されている。

筆者も法学部と法科大学院との併任ということで、法律基本科目の刑法（四単位）のほか、刑法各論を主にした刑事法総合演習Ⅰ（二単位）、経済刑法（二単位）及び臨床法学（刑事四単位）を担当することになっている。これまで数百人の学生を相手に講義をして来た筆者にとっては新たな体験であり、不安もあり、手探りの昨今である。しかし筆者には刑事法研究会のゼミ指導を含めて法学部・法学研究科における三〇余年の教育実績がある。虚心坦懐に学生の発言に耳を傾けることから始めよう。

ユスティティア三八号（二〇〇四・八）所収

21　法科大学院発足二年目を迎えての所感

早稲田大学法科大学院では既修者認定試験も終わり、いよいよ発足後第二年度を迎えることになった。既修者認定試験の合格者は一六人と聞き及んでいるので、昨年度の二〇人に引き続き少人数となった。これは予め既修者枠と未修者枠を分けることなく、入学手続きを行った者につき既修者認定試験を行っているためである。そこで外部からは早稲田の既修者組は高度に精選されていると評価されており、初年度の新司法試験では全員合格しても当たり前であるとすら思われている節がある。しかし、この反面優秀な早稲田大学法学部出身者は既修者枠のある有力法科大学院に行ってしまうことにも通じる。いわゆる囲い込みをしないという文部科学省の方針には忠実であるが、熱き思いを抱き法学部に全国から集まった学生に学部時代に充実した法学教育を行い、しかも早稲田大学の建学の精神・雰囲気を十分吸い込んだ学生を法科大学院に迎え入れてさらに充実した法曹養成教育を行い、早稲田色の強い法曹を送り出すことができないことに忸怩たる思いを持つのは筆者だけであろうか。

折しも司法試験管理委員会は、新司法試験初年度の合格者は試験終了後の受験者の得点分布などを分析して九〇〇～一一〇〇人の範囲で決定するという（読売新聞二〇〇五年二月一日朝刊）。〇六年度最初の受験者は、法科大学院の二年生コースの約二三〇〇人であるので、合格率は四〇～四八％となり、新司法試験合格者と旧司法試験合格者を各八〇〇人とした、当初の合格率三四％より引き上げられた。しかし、〇七年度以降については、法科大学院の修了生約六〇〇〇人に累積した再受験組が九〇〇〇人加わり合計一万五〇〇〇人の受験者が予想され、そのうち三〇〇〇人が合格するとすると合格率は二〇％となる。法科大学院の修了者の七～八割が合格するという当初の設計からすればはなはだ低いと言わざるをえない。合格率を上げるには合格者数三〇〇〇人を引き上げることが考えられるが、それには今後の法曹の需要及びとりわけ法科大学院教育の質の保証が問題となる。

法科大学院教育の質の保証については文部科学大臣の認証を受けた第三者機関である認証評価機関の認証評価（適格認定）が担うことが予定されている（学校教育法六九条の三第三項）。この評価機関には現在のところ大学基準協会、大学評価・学術授与機構及び日弁連法務研究財団が予定されている。法曹養成を、司法試験という点のみの選抜によるものから法科大学院の法学教育、司法試験及び司法研修を有機的に連携させプロセスとして行うというものであり、法学教育の質保証が極めて重要となる。尤も司法試験の合格者数や合格率は評価の対象にはならないとされている。本来法曹養成のための専門職大学院であることからすると、その教育の成果を評価の対象とすべきであるのにこれを否定するのは、法科大学院における教育が合格者数を増やし合格率を高めることのみを主眼とした受験対策的教育となることを防ぐ趣旨であろう。しかし、現実には合格者数や合格率の低い大学にあってはこのような教育を行うことになるであろう。それはすでに医学部で合格できる者を受験させ、また最終学年では受験対策が行われているというのと同じになるであろう。大学評価の対象でなくより厳しい市場原理により評価されることを前提にしているのであろうか。

さきに早稲田大学法科大学院は日弁連法務研究財団のトライアル評価を受け、その結果が「トライアル評価における評価報告書原案」として開示された。とくに教育の質に係わる事項として授業についてこれを見ると、教科書・体系書の不統一、配布教材の量の多少、授業内容の質及び量の問題や、双方向的・多方向的な授業方法の導入の科目間の格差などなお改善すべき点が指摘されているが、おおむね授業が法科大学院で求められている水準に達しているというレベルよりは高いところにあると評価されている。教員は、大変真摯に授業に取り組んでいるものの、従来の法学教育と専門職大学院としての教育とのギャップを十分に認識していないことも一因であるようにも思われる。

ところで、基本科目の刑法について言えば、初年度は五クラスを四人の教員で担当した。授業内容の画一性・統一性を確保する観点より共通進行表（シラバス）を作成し、さらにこれに基づき各自が独自のレジュメを毎回作成し授業を行い、また教員の個性、なかんずく単なる刑法を教えるのではなく刑法学に裏打ちされた刑法を教えるために教員各人が使用する体系書・教科書はあえて統一することなく各人の選択するものとし、また双方向的・多方向的授業方法についても実験的に四人がそれぞれ講義と討論の比重を多様にしつつ行った。また仄聞するところによると前期に行われた基本科目間で成績評価のバラツキがあるようであるが、学生の成績評価もその厳格さと客観性・公平性に鑑み、刑法では共通問題で試験を行い、各人が厳しく採点し、不可とした答案については再度四人で協議をして最終的な成績評価を行った。前期は法律基本科目八コマ（民法四コマ、憲法・刑法各二コマ）の予習・復習を行った上で授業に積極的に参加するのであり、学生諸君の努力には評価すべきものがある。ただ学部の学生や法学研究科の院生諸君に比べて自分で学ぶという姿勢にやや欠けるところがあるようにも思われる。何によりも読むべき参考文献を指定されそれも事務所で当該コピーを借り出しそれをコピーして読むこと、指定判例も自宅のパソコンでピンポイントで取り出せるなど大変便利で簡易である。そしてわずか三カ月三〇コマの授業を受け授業終了の翌週には試験という忙しさである。自ら読むべき文献・判例を捜し出す過程で思わぬ貴重な文献や判例を発見した楽しさ・喜びを感じる機会も少なくなっているようである。木の葉が落ちて池の水面に無秩序に浮かんでいるときから、水底にしかるべき位置を占めるにいたるまで時間の経過が必要である。刑法の理解にとっても熟成期間が必要に思われる。そうであって初めて刑法の知識が体系的に総合されるのではないだろうか。何やら「速成栽培」の感が否めない。筆者は一九六四年の法学部入学式当日団藤教授の刑法綱要総論（一九五七）を購入し、早速読んでみた。よく理解できないながらもそこには構成要件論、定型説や人格形成責任などの言葉が受験勉強をして来た頭には大変な新鮮さをもって飛び込んで来た。その折りの強い印象は今日でも少しも変わりはないし、これが今まで刑法の勉強を続けることを支えてくれた原動力でもある。法科大学院では、刑法を教えることは予定されているが、刑法学は教えることが予定されていないように思われる。尤もこれは法科大学院のシステムの問題ではなく筆者の非力のなせる業であろうか。法科大学院二年度目の授業を目前に控え、早稲田という法科大学院の個性を考えつつ、そこで展開されるべき授業の画一性・統一性と個性の狭間で揺れ動く今日この頃である。

ユステェティア三九号（二〇〇五・八）所収

22　「士」の言葉

今春は二月七日に糖尿病による黄斑症で、左硝子体及び白内障の手術を受け、視力の回復に問題があり、入院中はもとより退院後も、ラジオを聴くことが多く、また新聞は見出しを重点的に読んでいたが、いわゆる「士」業といわれる人達の不祥事が目についた。

自分の法律事務所の職員が非弁活動をする際に弁護士の名義を貸し、不正な報酬を受け取っていたとして弁護士法違反（同法七七条一号、二七条・非弁提携）と組織犯罪等処罰法違反（同法一一条・犯罪収益収受）に問われた衆議院議員・弁護士が初公判で前者につき認め、後者につき否認したとの事実（読売二〇〇六年三月九日夕刊）、また同議員がこれに関連して架空経費を計上し三〇〇〇万円の所得隠しを国税当局より指摘され重加算税を含め約九〇〇万円が追徴課税されたとの事実（読売二〇〇六年三月一五日朝刊）、地下鉄線内で痴漢行為を行ったとして東京都迷惑防止条例違反容疑で弁護士が現行犯逮捕された事実（読売二〇〇六年三月七日朝刊）、依頼された事件につき提訴せず依頼者に勝訴したとの虚偽の報告をし、さらには判決までも偽造した弁護士が所属弁護士会から業務停止二年の懲戒処分を受けた事実（読売二〇〇六年三月七日朝刊）、親権を失った長女を自分のもとで養育しようとして父親と共に連れ去ったとして未成年者略取罪に問われた元裁判官の弁護士に執行猶予付きの有罪判決が下された事実（読売二〇〇六年三月二七日夕刊）などは弁護士としては行ってはならないことは当然のことであり厳しく断罪されなければならない。

　また北陵クリニック筋弛緩剤殺人事件の控訴審判決公判で弁論の再開を求めて裁判長の制止を無視し不規則発言を続け被告人及び弁護人が退廷命令を受けたという事実（読売二〇〇六年三月二二日夕刊）、オウム真理教の松本被告人に対する控訴審において、弁護人側が再延長されたにもかかわらず控訴趣意書を提出しなかったことにより控訴棄却の判決が下された事実（読売二〇〇六年三月二八日朝刊）、光市母子殺害事件上告審で弁論手続きに出廷しなかった弁護士に出頭在廷命令（刑訴法二七八条の二）が出たという事実（読売二〇〇六年三月一八日朝刊）、カネボウ粉飾決算事件において架空計上を断り切れず却って不正経理の指南をしたとして虚偽記載有価証券報告書提出罪に問われた公認会計士が罪状認否手続きで起訴事実を認め謝罪したという事実（読売二〇〇六年三月三〇日夕刊）、公認会計士がライブドア事件に絡み粉飾決算を黙認したとして虚偽記載有価証券報告書提出罪容疑で在宅起訴されたという事実（読売二〇〇六年三月三一日夕刊）、などがある。これらの事案における弁護士や公認会計士などには、弁護活動の方針、死刑に対する見解や、契約先である会社側の要請を断りきれない事情などそれなりの言い分があるかもしれないが、弁護士、公認会計士の職責からみて許されることではないであろう。

　日弁連は弁護士に訴訟遅延行為があり裁判所から処分請求があった場合三ヶ月以内に処分審査を行い懲戒に付すべきか、本人に対する勧告・助言に留めるべきか、或いは処分しないかの結論を出すよう規則を定め、または金融庁は、監査法人の内部管理体制、経営情報開示、契約先企業との関係や監督体制などの監査法人制度全般につき見直しに着手した。しかし制度の整備ももとより必要であるが、何よりも「士」業の倫理の自覚が肝要ではなかろうか。弁護士や公認会計士などの職業名に用いられている「士」という語は諸橋轍次博士の大漢和辞典によれば、弁護活動や会計処理を行う才能のある者をいい、同時に学識・徳業のある者で専門の道芸を修めた者を指すとされる。真に「士」の言葉は重い。

この夏から刑事の臨床教育を行うことになっている。もとより弁護活動についての経験は皆無であるが、懲戒委員会の外部委員としての長い経験を踏まえつつ、受講者と共に「士」の重みを分かち合えれば幸いである。改めて「士」の言葉に思いを致す次第である。

ユステェティア四〇号（二〇〇六・一二）所収

23　大人になった法科大学院

法科大学院は、設立後三年を経過し、今年四月をもって完成年度を迎えた。言わば、大人となった法科大学院は、文部科学省の直接の監督を離れて、第三者評価機関による適格認定評価による規制を受けるほか、市場原理による厳しい評価の目に晒されつつ、自主努力が求められることになる。

おりしも、法務省より新司法試験の択一の結果が公表された。今年の新司法試験は完成年度を迎えた後の初めてのそれであり、昨年度の既修者コースの修了生を対象としたものと異なり、フルメンバーによる試験である。出願者総数は五四〇一名、そのうち四〇六一名（七五・一九％）が新修了生であり、残余一四三〇名（二四・八一％）はこれまでの不合格者である。今後この不合格者の割合は増加していくことになる。また、既修・未修あわせて、法学部卒は三九二二名（七二・六二％）、非法学部卒は一四七九名（二七・三八％）である。未修者の出願者総数は、法学部卒および非法学部卒あわせて二五一六名で、入学者総数三四一七名の七三・六六パーセントである。したがって、卒業不可または受け控えによると思われる者が約二六％に上る。

実際の受験者数は四六〇七名で、合格者数は三四七九名である。対出願者数の合格率は六四・四％、対受験者数の合格率は七五・五％である。この平均合格率七十五・五％を上廻った法科大学院は二六校、百名以上の合格者数を出した大規模法科大学院は、①東大二五八名、②中央大二五四名、③慶応大二三七名、④京大一九二名、⑤早大一七五名、⑥明大一六三名、⑦立命館大一三〇名、⑧同志社大一二二名の八校である。これら八校につき対受験者数の合格率を見ると、①京大九一・〇％、②慶応大八七・五％、③中央大八七・〇％、④東大八四・九％、⑤明大八一・五％、⑥早大七八・五％、⑦立命館大七六・九％、⑧同志社大七五・八％であり、平均合格率を超えていると同時に、合格者数の合計は一五三一名で合格者総数の四四％を占めている。これらを巨視的に見ると、明大、立命館大および同志社大の健闘が眼に付くほか、予想通り旧司法試験において実績を収めていた常連校が上位を占めている。ただ早大について見れば、入学定員三〇〇名の中央大や東大に、それに入学定員二〇〇名の京大、二六〇名の慶応大にも合格者数において遅れを取っていること、また入学定員三〇〇名でありながら、それを充足せずその結果、今春の修了者二四六名であること（ちなみに出願者数二五五名）に見られるように、外部からは既修者のみならず、未修者も厳選していると見られ易いだけに、早大の法曹養成における地盤沈下を危ぶむ声もないとは限らない。

法科大学院が法曹養成に特化されたものであるだけに、司法試験の成果が新聞などで公表され、法科大学院の序列化が進むことになるのは必至である。司法試験の合格率および合格者数は法科大学院適格認定評価の評価項目とはされていない。その反面厳しい市場原理により、司法試験の合格率および合格者数如何によっては、市場からの撤退を余儀なくされる可能性がある。一般市民の目線で活動できる、煮えたぎる正義の心を持つ優秀な法曹を養成するために何が必要か、今こそ法科大学院の自主努力が望まれる。

ユスティティア四一号（二〇〇七・一二）所収

24　臨床教育科目としての刑事弁護

法科大学院は法曹養成に特化された専門職大学院である。その教育は、理論と実務を架橋するものと考えられている。いわば司法研修所の教育のある部分を担うことが期待されている。法科大学院の規模のため、あるいは理念の違いにより臨床教育科目への対応には異なるものがある。幸いにも早稲田大学では、充実した多様な臨床教育科目が設置されている。

刑事弁護もその一つである。筆者もこの科目を四宮啓及び高野隆の両弁護士とともに担当している。被疑者弁護の実施上の観点から夏季及び春季休業中の約二週間を充てている。この間院生は連日クリニック事務所において、または警察署・検察庁・裁判所への往復に明け暮れるのである。教員と四名の院生がそれぞれ班を形成し、弁護活動を行うのであるが、特徴的なことは、教員の主導のもと院生が補助的活動を行うのではなく、院生が主導的にかつ積極的に行うことであり、教員は後見的指導と責任を負うにとどまるという役割分担である。そして、実際には、当番弁護士センターからの配点連絡を受けて、被疑者が身柄拘束されている警察署へ接見に向かうことから始まる。

今夏の野村班について見れば、配点予定日にクリニック事務所で待機していると、銃砲刀剣類等所持等取締法違反事件の配点連絡が入る。早速、担当検察官に連絡して被疑事実の内容と逮捕及び取調べの状況につき説明を求める。東北の甲市からたまたま上京し、金を借りる相談をするため交番に立ち寄り、不審を抱いた警察官より職務質問され、刃体の長さが約十九・七センチの包丁を正当な理由もなく携帯していたことが判明し、現行犯逮捕された事案であった。そして、院生二人を同道して乙警察署に初回の接見（これを含めて四回）に行くが、幸いにも院生と一緒の秘密接見が実現できた。本人の弁明もこれにそうものであり、職務質問の問題を含めて事案自体には問題のないものであった。勾留状謄本の交付申請を行う一方で、班としての弁護方針を検討し、住居不定無職であり適切な身柄引受人もいないこと、同種累犯前科があることなどから早期の身柄解放を求めることではなく、起訴猶予処分を求めることに決めた。そこで、検察官と処分につき協議した上で、甲市内における住居の確保及び生活保護の復活など、甲市の福祉課の職員と連絡をとり、今後の生活環境の調整を図り、結局これが功を奏して起訴猶予となった。帰る金もないことから更生緊急保護の申出を行い、釈放当日、保護観察所に出向き保護観察官との面談に院生と立会い、帰住費用の補助を受けた上で、検察官との約束を果たすべく東京駅で甲市駅行きの新幹線に乗せて見送ったのが事件の顛末である。

駅弁を選ぶ際にすまなそうに「ヘルシー弁当」を選んだときの顔、そして新幹線の中で何度も頭を下げていたときの様子がいまでも目に浮かぶ。今回の弁護活動は大向こうを唸らせるものではないが、市井の片隅で生きる憎めない犯罪者のための刑事弁護活動であった。まことに刑事弁護活動の「訴訟物」は人そのものであるというのが実感である。

ところで、来年五月二十一日からの裁判員制度の導入及び被疑者国選弁護制度の拡充に先立ち、十二月一日より犯罪被害者参加制度及び損害賠償命令制度が始まる。このように現在、刑事司法制度は大き

な変革期を迎えている。刑事弁護人の役割が益々重要となってくる。刑事法研究会の学生諸君も積極的に法曹への途に（願わくは刑事弁護の途に）チャレンジしてもらいたい。

ユステェティア四二号（二〇〇八・一二）所収

著者紹介

野村　稔（のむら　みのる）

昭和19年　埼玉県に生まれる

昭和43年　早稲田大学第一法学部卒業

昭和48年　早稲田大学法学部助手。その後専任講師、助教授を経て

現　　在　早稲田大学大学院法務研究科教授

法学博士（早稲田大学）

主要著書

未遂犯の研究（昭和59年、成文堂）

刑法総論（平成２年、補訂版・平成10年、成文堂）

刑法と人生

2015年3月20日　初版第1刷発行

著　者　野　村　　稔

発行者　阿　部　耕　一

〒162-0041　東京都新宿区早稲田鶴巻町514番地

発行所　株式会社　成　文　堂

電話 03(3203)9201　Fax 03(3203)9206

http://www.seibundoh.co.jp

製版・印刷　三報社印刷　　製本　弘伸製本

ISBN 978-4-7923-7103-6 C3032

定価（本体1800円＋税）